小型球类运动竞赛

《"四特"教育系列丛书》编委会 编著

吉林出版集团股份有限公司
全国百佳图书出版单位

图书在版编目（CIP）数据

小型球类运动竞赛／《"四特"教育系列丛书》编委会
编著．—长春：吉林出版集团股份有限公司，2012.4
（"四特"教育系列丛书／庄文中等主编．学校体育竞
赛与智力游戏活动策划）

ISBN 978-7-5463-8632-4

Ⅰ．①小… Ⅱ．①四… Ⅲ．①小型球类运动－运动竞
赛－青年读物②小型球类运动－运动竞赛－少年读物
Ⅳ．① G840.73-49

中国版本图书馆 CIP 数据核字（2012）第 042012 号

小型球类运动竞赛
XIAOXING QIULEI YUNDONG JINGSAI

出 版 人　吴　强
责任编辑　朱子玉　杨　帆
开　　本　690mm×960mm　1/16
字　　数　250 千字
印　　张　13
版　　次　2012 年 4 月第 1 版
印　　次　2023 年 2 月第 3 次印刷

出　　版　吉林出版集团股份有限公司
发　　行　吉林音像出版社有限责任公司
地　　址　长春市南关区福祉大路 5788 号
电　　话　0431-81629667
印　　刷　三河市燕春印务有限公司

ISBN 978-7-5463-8632-4　　　　定价：39.80 元

前　言

　　学校教育是个人一生中所受教育的最重要组成部分之一，个人在学校里接受计划性的指导，系统地学习文化知识、社会规范、道德准则和价值观念。学校教育从某种意义上讲，决定着个人社会化的水平和性质，是个体社会化的重要基地。知识经济时代要求社会尊师重教，学校教育越来越受重视，在社会中起到举足轻重的作用。

　　"四特教育系列丛书"以"特定对象、特别对待、特殊方法、特例分析"为宗旨，立足学校教育与管理，理论结合实践，集多位教育界专家、学者及一线校长、教师的教育成果与经验于一体，围绕困扰学校、领导、教师、学生的教育难题，集思广益、多方借鉴，力求全面彻底解决。

　　本辑为"四特教育系列丛书"之《学校体育竞赛与智力游戏活动策划》。

　　学校体育运动会是学校教育教学工作的一个重要组成部分，是体育活动中的一个重要内容。它不仅可以增强学生的体质，同时也可以增强自身的意志和毅力，并在思想品质的教育上，发挥不可替代的作用。学校通过举办体育运动会，对推动学校体育的开展，检查学校的体育教学工作，提高体育教学、体育锻炼与课余体育训练质量和进行学校精神文明建设等都具有重要的意义。本书旨在普及体育运动的知识，充分调动广大青少年学生参与体育活动的积极性，内容包括学校体育运动会各个单项的竞赛与裁判知识等内容，具有很强的系统性、实用性、实践性和指导性。

　　将智力和游戏结合起来，通过游戏活动达到大脑锻炼的目的，是恢复疲劳、增强脑力、重塑脑功能结构的主要方式，是智力培养的重要措施。

　　青少年的大脑正处于发育阶段，具有很大的塑造性，通过智力游戏活动，能够培养和开发大脑的智能。特别是广大青少年都具有巨大的学习压力，智力游戏活动则能够使他们在轻松愉快的情况下，既完成繁重的学业任务，又能提高智商和情商水平，可以说是真正的素质教育。为了使广大青少年在玩中学习、在乐中提高，我们根据青少年的生理、心理特点，特别编写这套书。我们采用做游戏、讲故事等方法，让广大青少年思考问题、解决难题，并在玩乐的过程中，循序渐进地提高智商和开发智力，达到学习与娱乐双丰收的效果。

　　本辑共 20 分册，具体内容如下。

　　1.《团体球类运动竞赛》

　　学校体育运动的目的是调动学生活动的兴趣，提高学生参加体育运动和各种活动的积极性和参与率，让学生在运动中体会到参与的快乐。本书就学校团体球类运动的竞赛与裁判问题进行了系统而深入的阐述，使学生掌握组织团体球类竞赛的方法，体例科学，内容全面，具有很强的系统性、实用性、实践性和指导性。

2.《小型球类运动竞赛》

小型球类运动竞赛包括排球、羽毛球和乒乓球等比赛。学校体育运动的目的是调动学生活动的兴趣，提高学生参加体育运动和各种活动的积极性和参与率，让学生在运动中体会到参与的快乐。小型球类运动竞赛包括排球、羽毛球和乒乓球等比赛。本书就学校个人球类运动的竞赛与裁判问题进行了系统而深入的阐述，体例科学，内容全面，具有很强的系统性、实用性、实践性和指导性。

3.《跑走跨类田径竞赛》

学校体育运动的目的是调动学生活动的兴趣，提高学生参加体育运动和各种活动的积极性和参与率，让学生在运动中体会到参与的快乐。跑走跨类田径竞赛包括长短跑、跨栏跑和竞走等项目比赛。本书就学校跑走跨类田径运动的竞赛与裁判问题进行了系统而深入的阐述，体例科学，内容全面，具有很强的系统性、实用性、实践性和指导性。

4.《跳跃投掷类田径竞赛》

长期以来，在技术较为复杂的非周期性田径项目的教学中，一般都采用以分解为主的教学法。这种教学法，教学手段烦琐，教学过程复杂，容易产生技术的割裂和停顿现象，特别是与现代跳跃和投掷技术的快速和连贯性有着明显的矛盾。因此，它对当前进一步提高教学质量产生十分不利的影响。本书就学校跳跃投掷类田径运动的竞赛与裁判问题进行了系统而深入的阐述，体例科学，内容全面，具有很强的系统性、实用性、实践性和指导性。

5.《体操运动竞赛》

竞技性体操包括竞技体操、艺术体操、健美操、技巧、蹦床五项运动。其中，竞技体操男子项目有自由体操、鞍马、吊环、跳马、双杠、单杠六项，女子项目有跳马、高低杠、平衡木、自由体操四项。本书就学校竞技体操运动的竞赛与裁判问题进行了系统而深入的阐述，体例科学，内容全面，具有很强的系统性、实用性、实践性和指导性。

6.《趣味球类竞赛》

学校体育运动的目的是调动学生活动的兴趣，提高学生参加体育运动和各种活动的积极性和参与率，让学生在运动中体会到参与的快乐。本书就学校趣味球类竞赛项目运动的竞赛与裁判问题进行了系统而深入的阐述，体例科学，内容全面，具有很强的系统性、实用性、实践性和指导性。

7.《水上运动竞赛》

水上运动包含五个项目：游泳，帆船，赛艇，皮划艇，水球。本书就学校水上运动的竞赛与裁判问题进行了系统而深入的阐述，体例科学，内容全面，具有很强的系统性、实用性、实践性和指导性。

8.《室内外运动竞赛》

室内运动栏目包括瑜伽、拉丁、肚皮舞、普拉提、健美操、踏板操、舍宾、跆拳道等，户外运动栏目包括攀岩登山、动感单车、潜水游泳、球类运动等。本书就学校室内外运动的竞赛与裁判问题进行了系统而深入的阐述，体例科学，内容全面，具有很强的系统性、实用性、实践性和指导性。

9.《冰雪运动竞赛》

冰雪运动主要包括冬季运动和轮滑运动训练、竞赛、医疗、科研、教学、健身、运动器材、冰雪旅游等。本书就学校冰雪运动的竞赛与裁判问题进行了系统而深入的阐述，体例科学，内容全面，具有很强的系统性、实用性、实践性和指导性。

10.《趣味运动竞赛》

趣味运动，是民间游戏的全新演绎，是集思广益的智慧创造，它的样式不同，内容各异。趣味运动会将"趣味"融于"团队"中，注重个人的奉献与集体的协作。随着中国经济文化的迅速发展，人们精神文化生活的丰富，趣味体育也有了更广阔的发展空间，成为一种新的时尚。本书就学校趣味运动的竞赛与裁判问题进行了系统而深入的阐述，体例科学，内容全面，具有很强的系统性、实用性、实践性和指导性。

11.《锻炼学生观察力的智力游戏策划》

发展观察力的游戏有"目测""寻找""发现"等。这些游戏可帮助学生加强观察的目的性、计划性，扩大观察范围，使孩子能更多、更清楚地感知事物。本书对锻炼学生观察力的智力游戏项目策划进行了系统而深入的阐述，体例科学，内容全面，具有很强的系统性、实用性、实践性和指导性。

12.《锻炼学生注意力的智力游戏策划》

注意力是儿童普遍存在的问题。他们在听课、做作业、看书、活动等事情上，往往不能集中注意力，也没有耐性。在人们的生活、学习和工作过程中，注意力起着非常重要的作用。有位教育专家说：注意力是学习的窗口，没有它，知识的阳光就照射不进来。本书对锻炼学生注意力的智力游戏项目策划进行了系统而深入的阐述，体例科学，内容全面，具有很强的系统性、实用性、实践性和指导性。

13.《锻炼学生记忆力的智力游戏策划》

记忆力游戏是一种主要依赖于个人记忆力来完成的单人或团体游戏。这类游戏的形式无论是现实或网络中都是非常多的，能否胜出本质上取决于个人的记忆力强弱，这也是一种心理学游戏。本书对锻炼学生记忆力的智力游戏项目策划进行了系统而深入的阐述，体例科学，内容全面，具有很强的系统性、实用性、实践性和指导性。

14.《锻炼学生思维力的智力游戏策划》

这是一本不可思议的挑战人类思维的奇书，全世界聪明人都在读。在这本书里，你会找到极其复杂的，也是非常简单的推理问题，让人迷惑不解的图形难题，需要横向思维的难题和由词语、数字组成的纵横字谜，以及大量的包含图片、词语或数字，或者三者兼有的难题，令你绞尽脑汁，晕头转向！现在，你需要的是一支铅笔和一个安静的角落，请尽情享受解题的乐趣吧！

15.《锻炼学生想象力的智力游戏策划》

学校的智力游戏活动主要是锻炼学生认识、理解客观事物并运用知识、经验等解决问题的能力，它是直接为学生提高学习能力而服务的，也是学生学习知识的实践运用，它不仅具有趣味性，更具有娱乐性。本书对锻炼学生想象力的智力游戏项目策划进行了系统而深入的阐述，体例科学，内容全面，具有很强的系统性、实用性、实践性和指导性。

16.《锻炼学生表达力的智力游戏策划》

语言表达能力是现代人才必备的基本素质之一。在现代社会，由于经济的迅猛发展，人们之间的交往日益频繁，语言表达能力的重要性也日益增强，好口才越来越被认为是现代人所应具有的必备能力。本书从大量的益智游戏中精选了一些能提高青少年表达力的思维游戏，为广大读者提供一个检视自身思维结构，全面解码知识、融通知识、锻炼思维的自我训练平台。

17.《锻炼学生学习力的智力游戏策划》

学校的智力游戏活动主要是锻炼学生认识、理解客观事物并运用知识、经验等解决问题的能力，它是直接为学生提高学习能力而服务的，也是学生学习知识的实践运用，它不仅具有趣味性，更具有娱乐性。本书对锻炼学生学习力的智力游戏项目策划进行了系统而深入的阐述，在游戏中培养孩子的学习能力，体例科学，内容全面，具有很强的系统性、实用性、实践性和指导性。

18.《锻炼学生空间力的智力游戏策划》

学校的智力游戏活动主要是锻炼学生认识、理解客观事物并运用知识、经验等解决问题的能力，它是直接为学生提高学习能力而服务的，也是学生学习知识的实践运用，它不仅具有趣味性，更具有娱乐性。本书对锻炼学生空间力的智力游戏项目策划进行了系统而深入的阐述，体例科学，内容全面，具有很强的系统性、实用性、实践性和指导性。

19.《锻炼学生实践力的智力游戏策划》

社会实践即通常意义上的假期实习，对于在校大学生具有加深对本专业的了解、确认适合的职业、为向职场过渡作准备、增强就业竞争优势等多方面意义。也有些学生希望趁暑假打份零工，积攒一份私房钱。本书对社会锻炼学生实践力的智力游戏项目策划进行了系统而深入的阐述，体例科学，内容全面，具有很强的系统性、实用性、实践性和指导性。

20.《锻炼学生创造力的智力游戏策划》

本书对创造能力的培养进行研究，包括创造力的认识误区、创造力生成的基本理论、创造力的提升、管理者应具备的技能等，同时针对学生设计的游戏形式来进行创造力的训练。其实，想要激发孩子的创造力，不必在家里放上昂贵的玩具和娱乐设施。一些简单的活动，比如和宝宝玩拍手游戏，或者和孩子一起编故事，所有这些都能让孩子进入有创意的世界。本书对锻炼学生创造力的智力游戏项目策划进行了系统而深入的阐述，体例科学，内容全面，具有很强的系统性、实用性、实践性和指导性。

由于时间、经验的关系，本书在编写等方面，必定存在不足和错误之处，衷心希望各界读者、一线教师及教育界人士批评指正。

编者

目　录

1

第一章

乒乓球运动的竞赛与裁判

1. 乒乓球的历史演变

虽然乒乓球诞生的时间并不是太久，但它仍然是一项深受世界人民喜爱的运动，在这 100 多年的时间里，它迅速发展到了全世界。

乒乓球的起源

乒乓球运动的起源有很多种说法，而最为流行的说法是：乒乓球运动于 19 世纪末起源于英国，是由网球运动派生而来的。据说，1890 年几位驻守印度的英国海军军官偶然发觉在一张不大的台子上玩网球颇为刺激。后来他们改用空心的小皮球代替弹性不大的实心球，并用木板代替了网拍，在桌子上进行这种新颖的"网球赛"，这就是 tabletennis 得名的由来。

世界乒乓球的发展

20 世纪初，乒乓球运动在欧洲和亚洲蓬勃开展起来。1926 年，在德国柏林举行了国际乒乓球邀请赛。后被追认为第一届世界乒乓球锦标赛，同时成立了国际乒乓球联合会。

乒乓球运动兴起之时，使用的是横握球拍方法。1902 年传入日本之后，出现了直握球拍的方法。有人推断这是东西方进餐时握刀叉和拿筷子的区别而带来的早期握拍法的不同。

乒乓球的计分方法由早期的 10 分、20 分、50 分、100 分 1 局等逐渐变为 1 局 21 分制；2003 年的第四十七届世乒赛正式开始使用 1 局 11 分制。

早期的乒乓球球台小、球网高，规格也不统一。1936 年左右改为现在的规格。世界乒乓球的重大赛事主要有 4 项：奥运会乒乓球竞赛、世界乒乓球锦标赛、世界杯乒乓球赛、国际乒联职业巡回赛。

现在的乒乓球运动已经发展成为高科技、高速度和强旋转相结合的一种竞技体育项目，截止到 2008 年，全世界有近 4000 万人从事这项运动。

中国乒乓球的发展

乒乓球运动被世界公认为是中国的"国球"。

（1）中华人民共和国成立前

中国乒乓球运动是从日本引进来的。1904年上海四马路一家文具店的经理，从日本买来10套乒乓球器材，摆设在店中，并亲自表演打乒乓球，介绍在日本看到的打乒乓球的情况。从此，我国开始有了乒乓球运动。

1916年上海基督教青年会童子部添设了乒乓球房和球台，在学生中开展乒乓球运动。此后在北京、天津、广州几个大城市也开展了该项运动。

（2）中华人民共和国成立后

1952年在北京大学举行了第一次全国竞赛。赛后，国家乒乓球队开始集中训练。同年，中华全国体育总会乒乓球部加入了国际乒联，后改称为中国乒乓球协会。1959年在第二十五届世界乒乓球锦标赛中，容国团为我国夺取了第一个男子单打世界冠军。1961年中国乒乓球协会在北京承办了中国历史上第一个世界锦标赛——第二十六届世界乒乓球锦标赛。

1988年在第二十四届汉城奥运会上，中国队勇夺女子单打和男子双打两项冠军。1988年汉城奥运会乒乓球首次成为正式竞赛项目以来，中国几乎完全垄断了这一项目的金牌。

乒乓球运动在我国已形成普及一提高一再普及一再提高的良性循环。据统计，目前我国经常打乒乓球的人口超过8000万。在改革开放的今天，乒乓球活动在我国变得更加时尚起来，越来越多的人在课余、工余、休息日参加乒乓球运动。

2.乒乓球的特点和作用

乒乓球是一项集健身性、竞技性和娱乐性为一体的运动。它的特点决定了乒乓球是一项具有较高的锻炼价值的运动。

方便易操作

其特点是球小、速度快、变化多、技巧性强、趣味性高，设备比较简单，不受年龄、性别和身体条件的限制，在室内外都可进行，运动量可大可小，具有广泛的适应性和较高的锻炼价值，比较容易开展和普及。

有益身心

（1）提高效率

乒乓球运动集健身、竞技、娱乐性于一体。经常打乒乓球能提高视觉的敏锐性和神经系统的灵活性，使人心情舒畅，想象力丰富，利于提高学习和工作效率。

（2）形体健美

能改善人的心血管、脑血管系统的机能，使人的反应加快，身手敏捷，动作协调，四肢灵活、柔韧，形体健美。

（3）培养精神

能提高控制情绪的能力及培养机智果断、勇敢顽强、勇于进取和敢于拼搏的优良品质与作风。

（4）提高能力

生活、工作中产生的不良情绪，也可在打乒乓球锻炼中得到缓解和宣泄，起到积极的心理调节作用，提高适应社会的能力。

培养各种精神

乒乓球项目有单项、双打、团体项目。团体项目通过个体来实现，所以乒乓球项目可以培养独立思考、单独作战的能力及集体主义精神。

3. 乒乓球竞赛的场地

在一些比较正规的竞赛中，乒乓球竞赛在体育馆内进行。

区域

以奥运会场馆为例，竞赛区域包括可容纳 *4* 张或 *8* 张球台（标准尺寸，*8* 米宽、*16* 米长），天花板高度不得低于 *4* 米的正式竞赛场地。

竞赛区域还应包括竞赛球台旁的通道、电子显示器，运动员、教练员坐席，竞赛官员区域（技术代表、裁判长、仲裁等），摄影记者区域、电视摄像区域，以及颁奖区域等。

灯光

为了保证电视转播影像清晰，要求照明度为 1500 勒克斯至 2500 勒克斯，所有球台的照明度是一样的。如果因电视转播等原因需要增加临时光源，该光源从天花板上方照下来的角度应大于 75 度，竞赛区域其他地方的照明度不得低于竞赛台面照明度的 50 %，光源距离地面不得少于 5 米。

场地四周一般应为深颜色，观众席上的照明度应明显低于竞赛区域的照明度，要避免耀眼光源和未遮蔽的窗户的自然光。

地面

地面应为木制或经国际乒联批准的品牌和种类的可移动塑胶地板。地板具有弹性，没有其他体育项目的标线和标识。地板的颜色不能太浅或反光强烈，可为红色或深红色。不能过量使用油或蜡，以避免打滑。

温度

一般说来，馆内竞赛区域的空气流速控制在 0.2 ～ 0.3 米／秒，温度为 20 度至 25 度，或低于室外温度 5 度。

4.乒乓球竞赛的器具

乒乓球虽然是一项简单易操作的运动，但它还是有一定物质方面的要求的，这包括乒乓球的球台、球拍等。

球台

球台是乒乓球的主要运动设施，其具体要求有以下几个方面。

（1）规格

球台的上层表面叫作竞赛台面，应为与水平面平行的长方形，长 2.74 米，宽 1.525 米，高地向高 0.76 米。

（2）台面

竞赛台面不包括球台台面的侧面。

（3）弹性

竞赛台面可用任何材料制成，应具有一定的弹性，即当标准球从离台面 0.30 米高处落至台面时，弹起高度应约为 0.23 米。

（4）边线

竞赛台面应呈均匀的暗色，无光泽，沿每个 2.74 米的竞赛台面边缘各有一条 0.02 米宽的白色边线，沿每个 1.525 米的竞赛台面边缘各有一条 0.02 米宽的白色端线。

（5）台区

竞赛台面由一个与端线平行的垂直的球网划分为两个相等的台区，各台区的整个面积应是一个整体。

（6）半区

双打时，各台区应由一条 0.003 米宽的白色中线，划分为两个相等的半区。中线与边线平行，并应视为右半区的一部分。

球网

球网是球台中间的悬挂物品，它的标准如下。

（1）球网装置

球网装置包括球网、悬网绳、网柱及将它们固定在球台上的夹钳部分。

（2）球网悬挂

球网应悬挂在一根绳子上，绳子两端系在高 0.1525 米的直立网柱上，网柱外缘离开边线外缘的距离为 0.1525 米。

（3）顶端距离

整个球网的顶端距离竞赛台面 0.1525 米。

（4）球网底边

整个球网的底边应尽量贴近竞赛台面，其两端应尽量贴近网柱。

球体

竞赛用乒乓球是有一定规格要求的，具体如下。

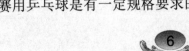

（1）球型

球应为圆球体，直径为 *0.04* 米。

（2）重量

球重量应为 *2.6* 克至 *2.8* 克。

（3）材质

球应用赛璐珞或类似的材料制成，呈白色、黄色或橙色，且无光泽。

球拍

竞赛规则对乒乓球竞赛的球拍要求有以下几点。

（1）要求

球拍的大小、形状和重量不限，但底板应平整、坚硬。

（2）材质

底板至少应有 *85 %* 的天然木料，加强底板的黏合层可用诸如碳纤维、玻璃纤维或压缩纸等纤维材料，每层黏合层不超过底板总厚度的 *7.5 %* 或 *0.00035* 米。

（3）拍面

用来击球的拍面应用一层颗粒向外的普通颗粒胶覆盖，连同黏合剂厚度不超过 *0.002* 米；或用颗粒向内或向外的海绵胶覆盖，连同黏合剂，厚度不超过 *0.004* 米。

其中，"普通颗粒胶"是一层无泡沫的天然橡胶或合成橡胶，其颗粒必须以每平方厘米不少于 *10* 颗、不多于 *50* 颗的平均密度分布于整个表面。海绵胶即在一层泡沫橡胶上覆盖一层普通颗粒胶，普遍颗粒胶的厚度不超过 *0.002* 米。

（4）覆盖

覆盖物应覆盖整个拍面，但不得超过其边缘。靠近拍柄部分及手指执握部分可不予以覆盖，也可用任何材料覆盖。

（5）整体

底板、底板中的任何夹层、覆盖物及黏合层均应为厚度均匀的一个整体。

（6）颜色

球拍两面不论是否有覆盖物，必须无光泽，且一面为鲜红色，另一面为黑色。拍身边缘上的包边应无光泽，不得呈白色。

（7）性能

由于意外的损坏、磨损或褪色，造成拍面的整体性和颜色上的一致性出现轻微的差异。只要未明显改变拍面的性能，可以允许使用。

装备

竞赛服一般包括短袖运动衫、短裤或短裙、短袜和运动鞋，其他服装，如半套或全套运动服，不得在竞赛时穿着，但得到裁判长的允许时除外。竞赛对运动员的服装有以下要求。

（1）主要颜色

短袖运动衫、短裤或短裙的主要颜色应与竞赛用球的颜色明显不同。

（2）号码字样

短袖运动衫的背部可以有号码或字样，用于表明运动员、运动员的协会。

（3）表明身份

在短袖运动衫背部的中间位置应优先佩带被组织者制定的用于表明运动员身份的号码布，而不是广告。这个号码布应是长方形。

（4）佩戴物品

在运动服前面或侧面的任何标记或装饰物及运动员佩戴的任何物品，如珠宝装饰等，均不应过于显眼或反光，以致影响对方的视线。

（5）设计字样

服装上不得带有可能产生不悦或诋毁本项运动声誉的设计和字样。

（6）可接受性

有关竞赛服的合法性及可接受性问题，应由裁判长决定。

（7）容易区分

竞赛的双方运动员应穿着颜色明显不同的运动服，以使观众能够容易地区分他们。当双方运动员或运动队所穿服装颜色类似，且均不愿更换时，应由抽签决定某一方必须更换。

5. 乒乓球竞赛的裁判人员

乒乓球竞赛中，裁判人员既有固定的职权，也要遵守一定的规则。

裁判人员的管辖权限

管辖权限是裁判人员在竞赛中所具有的职权。

（1）裁判长

乒乓球竞赛中裁判长的管辖权限主要包括以下一些方面。

①告知　每次竞赛应指派一名裁判长，其身份和工作地点应告知所有参赛者及队长。

②裁判长应对下列事项负责：

抽签　主持抽签；

编排　编排竞赛日程；

指派　指派竞赛工作人员，并在必要时撤换竞赛工作人员；

主持　主持竞赛官员的赛前短会；

审查　审查运动员的参赛资格；

决定　决定在紧急时刻是否中断竞赛；决定在一场竞赛中运动员是否可以离开赛区；决定是否可以延长法定练习时间；决定在一场竞赛中运动员能否穿长运动服；

作出　对解释规则和规程的任何问题作出决定，包括服装、竞赛器材和竞赛条件的可接受性；

纪律　裁判长有权决定在竞赛紧急中断时，运动员能否练习，以及练习地点。对于不良行为或其他违反规程的行为采取严肃整理纪律行动。

③在竞赛管理委员会的同意下，当裁判长的任何职责托付给一些其他人员时，这些人员中的每个人的特殊职责和工作地点应告知参赛者及队长。

④裁判长或在其缺席时负责代理的副裁判长，在竞赛过程中自始至终应亲临竞赛场地。

⑤如果裁判长认为有必要，可在任何时间更换裁判员、副裁判员或计数员，但不得更改被更换者在其职权范围内就事实问题作出的判定。

（2）裁判员

乒乓球竞赛中裁判员的管辖权限主要包括以下一些方面。

①指派　每场竞赛均应指派 1 名裁判员和 1 名或 2 名副裁判员。

②位置　裁判员应坐或站在球台一侧，与球网成一直线。副裁判员应面对裁判员坐在球台另一侧，当只有 1 名副裁判员时，他应与球网成一直线；当有 2 名副裁判员时，他们应分别与一条端线成一直线。

③裁判员应对下列事项负责：

检查　检查竞赛器材和竞赛条件的可接受性，如有问题向裁判长报告；

协议　如果双方运动员对竞赛用球不能达成协议，可任意决定一个竞赛用球；

抽签　主持抽签确定发球、接发球和方位；

裁定　运动员由于身体伤残不能遵守合法发球的某些规定时，应由裁判员进行裁定；

次序　控制方位，发球、接发球的次序，纠正上述有关方面出现的错误；

决定　决定每一个回合得 1 分或重发球；

报分　根据规定的程序报分；

轮换　在适当的时间执行轮换发球法；

保持　保持竞赛的连续性；

行为　对违反关于指导行为等规定者采取行动；

④触及　副裁判员决定处于竞赛状态中的球是否触及距离他最近的竞赛台面的上边缘。

⑤裁判员或副裁判员均可判决：

动作　运动员发球动作不合法；

触及　合法发球在球越过或绕过球网装置时触及球网装置；

阻挡　运动员阻挡；

干扰　竞赛环境受到意外干扰，该回合的结果有可能受到影响；

时间　掌握练习时间、竞赛时间及间歇时间；

⑥人员　执行轮换发球法时，如果场上只有 1 名副裁判员，应增加 1 名计数员；如果场上有 2 名副裁判员时，每名副裁判员当接发球员在他一侧时做计数员。

裁判员与报分

当结束竞赛或在情况允许时，裁判员应立即报分。

（1）报分数

报分时，裁判员应首先报发球一方的得分数，然后报对方的得分数。

（2）报姓名

第一局竞赛开始和交换发球员时，裁判员在报完比分后，应报出下一回合发球员的姓名，并用手势指明发球方。

（3）报胜方

第一局竞赛结束时，裁判员应先报胜方运动员的姓名，然后报胜方得分数，再报负方的得分数。

（4）用手势

裁判员除报分外，还可以用手势表示他的判决。当判得分时，裁判员可将靠近得分方的手举至齐肩高。当出于某种原因，回合应被判为重发球时，裁判员可以将手高举过头表示该回合结束。

裁判与场外指导

对于场外指导，裁判员处理的规则如下。

（1）确定指导

团体竞赛，运动员可接受任何人的场外指导；单项竞赛，运动员只能接受一个人的场外指导，而这个指导者的身份应在该场竞赛前向裁判员说明。如由未被授权的人进行指导，裁判员应出示红牌令其远离赛区。

（2）接受指导

在局与局之间的休息时间或经批准的中断时间内，运动员可接受场外指导。如被授权的指导者在其他时间内进行指导，裁判员应出示黄牌进行警告。如在警告后再次违犯，指导者将被驱除出赛区。

（3）出示红牌

在一个团体赛或单项竞赛中的一场竞赛，指导者已被警告过。如任何人再进行非法指导，裁判员将出示红牌，并将其驱除出赛区，不论其是否曾被警告过。

（4）行为规定

在团体竞赛中被驱除出赛区的人不允许在团体竞赛结束前返回，除非需要他上场竞赛。在单项竞赛中，不允许在该场单打竞赛结束前返回。

（5）裁判权限

如被驱除出赛区的指导者拒绝离开或在竞赛结束前返回，裁判员应中断竞赛，立即向裁判长报告。指导者被驱除出赛区时，裁判员应出示红牌。

以上规定只限制对竞赛的指导。这些规定并不限制运动员或队长就裁判员的决定提出正式申诉，或阻止运动员与所属协会的代表或翻译就某项判决的解释进行商议。

不良行为的处理

竞赛中，运动员和教练员应克服那些可能不公平的影响对手、冒犯观众或影响本项运动声誉的不良行为。

（1）处罚方法

任何时候，运动员或教练员出现严重冒犯行为，裁判员应中断竞赛，立即报告裁判长；如果冒犯行为不太严重，第一次裁判员可出示黄牌，警告冒犯者，如再次冒犯将被判罚。

（2）处罚分数

运动员在受到警告后，在同一场单项竞赛或团体竞赛中，第二次冒犯，裁判员应判对方得 1 分；再犯，判对方得 2 分。每次判罚，应同时出示黄牌和红牌。

（3）报告上级

在同一场单项竞赛或团体竞赛中，运动员在被判罚 3 分后继续有不良行为，裁判员应中断竞赛，并立即报告裁判长。

6. 乒乓球的相关术语

乒乓球运动中，有一些专门使用的术语，了解这些术语对初学者非常重要。

击球路线

（1）概念

击球路线是指从击球点到落台点之间形成的线。

（2）线路

共有五条基本线路，以击球者为基准：右方斜线、右方直线、左方斜线、左方直线、中路直线。中路直线球在实际竞赛中是随时以站位而定的，即追身球，也称中路追身球。

击球点

击球点是指击球时，球拍与球接触瞬间的那一点所属空间的位置，这是对击球者所处的相对位置而言的。

长球

（1）概念

指落在距球台端线 0.3 米范围内的球。

（2）特点

具有弧线长、冲力足、威胁大等特点。

短球

（1）概念

指落在距球网 40 厘米范围内的球。

（2）特点

具有弧线短、冲力小等特点。与长球结合使用，能调动对方前后奔波。

站位

关于站位的术语有以下几种。

（1）近台站位

指站位在离台端线 0.5 米以内的范围。

（2）中台站位

指站位在离台端线 0.50 米至 1 米的范围。

（3）远台站位

指站位在离台端线 1 米以外的范围。

击球时间

击球时间是指球拍击出的来球从台面弹起至回落的那段时间，具体可分为以下几段。

（1）上升期

指球从台面弹起在最高点附近的这段时间。这段时间还可细分为上升前期与上升后期。

（2）高点期

指球从台面弹起在最高点附近的这段时间。

（3）下降期

指球从最高点开始下降以后的整段时间，这段时间可分为下降前期和下降后期。

击球部位

击球部位是指球拍触球的位置，用钟表的圆盘刻度划分为 5 个击球部位。

（1）击球上部

球拍击球在 12 时至 13 时的部位上。

（2）击球中上部

球拍击球在 13 时至 14 时的部位上。

（3）击球中部

球拍击球在 15 时的部位上。

（4）击球中下部

球拍击球在 16 时至 17 时的部位上。

（5）击球下部

球拍击球在 18 时的部位上。

拍形角度

关于拍形角度的术语有以下几种。

（1）球拍垂直

球拍面与台面呈 90 度角。

（2）球拍前倾

拍面与台面呈约 45 度角。

（3）球拍后仰

拍面与台面呈约 110 度角。

程序规则

在竞赛中，乒乓球还有一些和程序规则相关的术语。

（1）回合

球处于竞赛状态的一段时间。

（2）竞赛状态

从发球时，球被有意向上抛起前，静止在不执拍手掌上的一瞬间，到该回合被判得分或重发球。

（3）发球员

在一个回合中，首先击球的运动员。

（4）接发球员

在一个回合中，第二个击球的运动员。

7. 乒乓球的准备姿势

准备姿势就是在竞赛时适合自己打法的基本站位与身体姿势。身体姿势就是运动员在击球时身体所保持的合理姿势。准备姿势包括身体姿势和站位两个部分。

姿势

两脚开立与肩同宽或比肩稍宽，两膝微曲，前脚掌着地，脚趾轻微用力压地，脚跟微离地面，重心置于两脚之间，上体略前倾、收腹，持拍手臂自然弯曲，直握拍的肘部略向外张，球拍置于腹部右前方，手腕自然放松，拍头指向右斜前方，横握拍的肘部向下，前臂自然平举，手腕自然放松，拍头指向上方，非持拍手臂自然弯曲于身体左侧，两眼注视来球。

站位

站位不同打法的人，其站位方式也不同。

（1）直拍左推右攻打法的站位

直拍左推右攻打法的站位，一般是左脚稍前于右脚，左脚位置基本处于球台左边线的延长线上。身体与球台端线的距离约为 0.4 米。

（2）直拍两面攻和横拍快攻打法站位

直拍两面攻和横拍快攻打法的站位基本同上，但身体与球台端线的距离约为 0.5 米。直拍弧圈打法的站位是左脚在前，右脚在后，左脚基本位于球台左边线延长线外约 0.25 米处。身体面向对方台面的左角，与球台左角的距离约 0.6 米。横拍两面拉打法的站位，左脚可略前于右脚，或两脚基本平行，左脚位置基本处于球台左边线的延长线上。身体与球台端线的距离约为 0.65 米。

（3）防守型站位

防守型，包括削、攻结合打法的站位是两脚基本平行，左脚位置处于球台左边线的延长线上。身体与球台端线的距离约为 1 米。

8. 乒乓球的握拍方法

握拍方法与击球动作有密切关系。每个击球动作，都是由手臂、手腕和手指相互配合用力来完成的。因此，较好的握拍方法既要适合自己打法的特点，又要不影响手臂、手腕和手指的灵活运用。

握拍方法有直拍和横拍两种。

直拍握拍法

直拍握拍法包括快攻类型握拍法、弧圈类型握拍法等。

（1）快攻类型

快攻类型常见的握拍方法有以下三种。

①保持平稳　球拍柄右侧贴在食指的第三关节处，以食指的第二关节压住球拍的右肩，食指的第一关节自然向内弯曲，拇指的第一关节压住球拍的左肩，拇指与食指之间的距离要适中，其他三指自然弯曲斜重叠，以中指第一指节托于球拍背面，使球拍保持平稳。

②集中发力　握拍方法与第一种基本相同，但拇指与食指之间的距离较大。这种握拍法有利于上臂和前臂的集中发力。因此，中、远台攻球，正手攻球，扣杀球都比较有力。但由于拇指与食指之间的距离较大，握拍较深，对手腕的灵活性有一定的影响，对处理台内球、转球、推挡球和追身球较差。

③拍柄右侧贴在食指第二三关节之间，以拇指和食指的第一关节压住球拍的左右两肩，两指间的距离适中，以中指的第一指节左侧将球拍背面托住，无名指和小指斜叠在中指之下，用无名指辅助中指托住球拍背面，使球拍保持平稳。

（2）弧圈类型

直拍弧圈型的握拍有三种。

①保持前倾　握拍方式与快攻型第一种握法相同。它在正手拉弧圈球时，拇指、中指和无名指协调用力，中指和无名指略微伸直，以利于出手击球时较好地保持拍形的前倾。

②形成环状　拇指贴在球拍左侧，食指轻轻扣住拍柄，形成一个小环状。中指和无名指较直地以第一指节托住球拍背部，小指自然紧贴在无名指之下。

③托住球拍　削球类型握拍法直拍削球型的握拍是拇指自然弯曲，紧贴拍柄左侧，第一指节用力下压，其余四指自然分开托住球拍背面。

横拍握拍法

（1）分类状况

一般可分为浅握和深握两种。

（2）动作要领

基本动作是：浅握以中指、无名指、小指自然地握住拍柄，拇指在球拍的正面轻贴在中指旁边，食指自然伸直斜放于球拍的背面，虎口轻微贴拍。深握与浅握的握法基本相同，但虎口紧贴球拍。

这两种握法，正手攻球时食指要用点力，也可将食指往上移动一些帮助压拍。反手攻球或快拨时，拇指要用点力，也可用拇指往上移动一些帮助压拍。正、反手削球时，手指基本不动。

注意事项

无论哪种握法，握拍都不应过紧或过松。在变换击球的拍面、调节拍面角度时，要充分利用手指的作用。特别注意不应经常变化握拍方法，否则会影响打法类型及风格的形成，尤其是初学者，更应注意。

9. 乒乓球的基本步法

步法是指击球员为选择合适的击球位置所采用的脚步移动方法。其特点是：起动快、移动快、频率快。它是及时、准确地使用并衔接各项技术动作的枢纽，也是使用各项技术的有力保证。

步法分类

步法的分类有多种，常见的乒乓球步法有单步、跨步、并步、交叉步、小碎步等。

（1）单步

移动方法：以一只脚为轴，另一只脚向前、后、左、右不同方向移动，身体重心随之落在移动脚上。单步实际运用于以下几种情况：

①接近　接近网小球；

②削追　削追身球；

③攻击　单步侧身攻击在来球落点位于中线稍偏左，或对推中侧身突袭直线，或对搓中提拉球时常用。

（2）并步

移动方法：一脚先向另一脚并半步或一小步，另一脚在并步脚落地后随即向来球方向移动一步。实际运用于以下几种情况：

①快攻　快攻选手在左右移动中攻或拉球；

②削球　削球选手正反手削球；

③转体　并步侧身攻，多用于拉削球，右脚先向左脚后并一步，

以便转体，随之左脚向右侧跨一步。

（3）跨步

移动方法：一脚蹬地，另一脚向移动方向跨一大步，蹬地脚随后跟上半步或一小步，身体重心即移到跨步脚上。实际运用于以下几种情况：

①近台　近台快攻打法，用来对付离身体稍远的来球；

②移动　削球打法，左、右移动击球；

③侧身　跨步侧身攻，当来球速度较慢，但离身体稍远时，左脚向左前上方跨一大步，右脚随即跟上一小步，同时配合腰部右转动作，完成侧身移动。

（4）交叉步

移动方法：以靠近来球方向的脚作为支撑脚，该脚的脚尖调整指向移动方向，远离来球方向的脚在体前交叉，向来球方向跨出一大步，身体随之向来球方向转动，支撑脚同时向来球方向再迈一步，这是前交叉步。后交叉步是在体后完成交叉动作。实际运用于以下几种情况：

①反手　快攻或弧圈打法在侧身攻、拉后扑打右角空挡，或从右大角变反手击球；

②走动　在走动中拉削球；

③短球　削球打法接短球或削突出击。

（5）跳步

移动方法：以来球异侧脚用力蹬地，两脚同时离地向来球方向跳动。实际运用于以下几种情况：

①移动　快攻选手左右移动击球，常与跨步结合起来使用；

②中台　弧圈类打法由中台向左、右移动时常用；

③转腰　跳步侧身攻或拉，但在空中需完成转腰动作；

④站位　削球选手在接突击时常采用，但以小跳步来调整站位用得较多。

（6）滑步

滑步的动作方法：两脚几乎同时向来球方向蹬地，几乎同时离地，来球异方向脚先着地，同方向脚紧随着地，挥臂击球。

滑步的移动范围较大，重心转换迅速，当来球离身较远时使用，移动后两脚距离基本不变，适合连续快速回击来球。

（7）小碎步

小碎步是步法中尤为重要的步法，也是衡量一个人步法跑得是否合理、协调的一个重要因素。较高频率的小垫步，主要适用于步法的调节，在步法移动到一定的位置时还没有找到合适的击球点，就要通过小碎步来调整，以争取更好的击球点。

步法的要求

使用好各种乒乓球步法有以下一些基本要求。

（1）合适的位置

在合适的时间，跑到合适的位置，以便在该技术所要求的最佳击球时间、最适宜的击球点击球。

（2）不失去重心

不妨碍下次击球。虽然跟跟跄跄地跑过去接到了球，但是失去了重心，势必会影响下一次的还击。

（3）重心的平稳

步法移动过程尽量保持身体重心的平稳。

10. 乒乓球的发球技术

发球是乒乓球竞赛中每 1 分的开始，它是乒乓球技术中唯一不受对方制约、主动性很强的技术。一个高质量的发球，可以起到先发制人的作用。

姿势

发球的姿势就是在发球前和发球中，运动员选择的身姿、步法等。

（1）重心前倾

准备姿势，两脚左右分开，两膝微曲，身体重心稍稍前倾。

（2）重心转移

执拍手向右后方引拍，右肩下沉，重心移至右脚。

（3）重心转动

执拍手继续向右后方引拍，身体重心逐渐下降，腰、肩要随着身体重心一起转动。

（4）重心渐移

击球后，在大臂带动前臂向前上方挥拍，身体重心随之逐渐移至左脚，摩擦球的瞬间迅速收缩前臂。

（5）重心还原

击球动作完成以后，球拍随势挥至前额处，身体重心转移至左脚，然后迅速还原，准备回击下一板球。

方式

依据运动员不同的习惯、体质和对手情况，运动员现在的发球方式也是不同的。

（1）正手发奔球

正手发奔球的特点：球速急、落点长、冲力大，发至对方右大角或中左位置，对对方威胁较大。其要点主要包括以下几个方面：

①抛球　抛球不宜太高；

②挥拍　提高击球瞬间的挥拍；

③端线　第一落点要靠近本方台面的端线；

④球点　击球点与网同高或稍低于网。

（2）反手发急球与发急下旋球

反手发急球与发急下旋球的特点是球速快、弧线低、前冲大，迫使对方后退接球，有利于抢攻，常与发急下旋球配合使用。这种发球方式的动作要点如下：

①球点　击球点应在身体的左前侧与网同高或比网稍低；

②手腕　注意手腕的动发力；

③端线　第一落点在本方台区的端线附近。

（3）正手发转与不转球

正手发转与不转球的特点是球速较慢，前冲力小，主要用相似的发球动作，制造旋转变化去迷惑对方，造成对方接发球失误或为自己抢攻创造机会。正手发转与不转球的动作要点如下：

①抛球　抛球不宜太高；

②切球　发转球时，拍面稍后仰，切球的中下部；

③前送　越是加转球，越应注意手臂的前送动作；

④角度　发不转球时，击球瞬间减小拍面后仰角度，增加前推的力量。

（4）正手发左侧上（下）旋球

正手发左侧上（下）旋球的特点是左侧上（下）旋转力较强，对方挡球时向其右侧上（下）方反弹，一般站在中线偏左或侧身发球。正手发左侧上（下）旋球的动作要点如下：

①球点　发球时要收腹，击球点不可远离身体；

②侧旋　尽量加大由右向左挥动的幅度和弧线，以增强侧旋强度；

③摩擦　发左侧上旋时，击球瞬间手腕快速内收，球拍从球的正中向左上方摩擦；

④球拍　发左侧下旋时，拍面稍后仰，球拍从球的中下部向左下方摩擦。

（5）反手发右侧上（下）旋球

反手发右侧上（下）旋球的特点是右侧上（下）旋球力强，对方挡住后，向其左侧上（下）反弹。发球落点以左方斜线长球配合中右近网短球为佳。反手发右侧上（下）旋球的动作要点如下：

①动作　注意收腹和转腰动作；

②转动　充分利用手腕转动配合前臂发力；

③上勾　发右侧上旋球时，击球瞬间球拍从球的中部向右上方摩擦，手腕有一个上勾动作；

④摩擦　发右侧下旋球时，拍面稍后仰，击球瞬间球拍从球的中下部向右侧下摩擦。

（6）发短球

发短球的特点是击球动作小，出手快，球落到对方台面后的第二跳下不出台，使对方不易发力抢拉或抢攻。发短球的动作要点如下：

①抛球　抛球不宜太高；

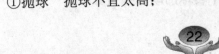

②力量　击球时，手腕的力量大于前臂的力量；

③落点　发球的第一落点在球台中区，不要离网太近；

④判断　发球动作尽可能与发长球相似，使对方不易判断。

（7）正手高抛发球

正手高抛发球最显著的特点是抛球高，增大了球下降时对拍的正压力，发出的球速度快、冲力大、旋转变化多，着台后拐弯飞行。正手高抛发球的动作要点如下：

①抛球　抛球勿离台及身体太远；

②球点　击球点与网同高或比网稍低，在近腰的中右处为好；

③摆动　尽量加大向内摆动的幅度和弧线；

④低抛　发左侧上、下旋球与低抛发球相同；

⑤回收　触球后，附加一个向右前方的回收动作，可增加对对方的判断。

（8）下蹲发球

下蹲发球的特点：下蹲发球属于上手类发球。横拍选手发下蹲球比直拍选手方便些，直拍选手发球时需变化握拍方法，即将食指移放到球拍的背面。下蹲发球可以发出左侧旋和右侧旋，在对方不适应的情况下，威胁很大，关键时候发出高质量的球，往往能直接得分。下蹲发球的动作要点如下：

①配合　注意抛球和挥拍击球动作的配合，掌握好击球时间；

②动作　发球要有质量，发球动作要利落，以防在还未完全站起时已被对方抢攻；

③摩擦　发下蹲右侧上、下旋球时，左脚稍前，身体略向右偏转，挥拍路线为从左后方向右前方，拍触球中部向右侧上摩擦为右侧上旋，从球中下部向右侧下摩擦为右侧下旋；

④站位　发下蹲左侧上、下旋球时，站位稍平，身体基本正对球台，挥拍路线为从右后方向左前方，拍触球右中部向左上方摩擦为左侧上旋，从球中部向左下部摩擦为左侧下旋；

⑤快速　发左（右）侧上、下旋球时，要特别注意快速做半圆形摩擦球的动作。

注意事项

为了保证发出高质量的球，运动员在发球时应该注意以下几个原则。

（1）发球的针对性

知己知彼，百战百胜。发球前，应尽可能地了解对方的基本情况。基本情况主要有：对方是直拍还是横拍、是左手还是右手等。对上述情况，要做到心中有数。

（2）为抢攻做准备

总体上来说，发球为抢攻做准备的宗旨就是：用各种方法提高发球的质量，增加对方接球的难度，使对方回球质量不高，从而为抢攻创造了条件。

（3）发球直接得分

通过学习研究各种螺旋发球，练就最拿手的发球和绝招发球，如练发擦边球、回头球、近网边线球，在发球的开局，直接得分。在开局和中局，就争取主动，把比分拉开，这在"11分制"中，显得格外重要。

（4）发球要有力量

谈到发球的力量，特别是发球加力，人们常会联想到加力的后果：不是球飞出界，就是球弹跳太高。但是实际上，发加力短球，距离短，球又转、又低、落点好；发加力长球，距离长，球又急、又转、落在左右边角上，正是体现了乒乓球的艺术性、技术性。它不仅在实践中可以做得到，在理论上也是正确的。

（5）注意发球变化

发球变化莫测，常使对方不知所措。在竞赛中，多准备几套发球方法，如正手、反手、侧身发球、上螺旋、下螺旋、长螺旋、短螺旋等，可以充分发挥发球阶段主动的时机。

（6）注意发球创新

在一种高质量新的发球面前，由于对方对它陌生，头脑中尚未建立条件反射。因此，在击球时，感到不协调、不顺手，甚至束手无策，这样就导致发球直接得分或间接得分，充分显示了新发球的巨大威力。

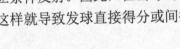

11. 乒乓球的接发球技术

接发球是乒乓球运动技术名词，指回接对方发球时使用的各种方法。接发球技术的掌握非常重要，它可以后发制人，来达到反控制的目的。接发球质量的好坏往往直接影响一个回合的主动与被动。

准备

没有人可以预先知道对方将要把球发向哪里，发完球后又将有什么行动。但做一些基本的准备动作对于成功做好接发球是非常重要的。

（1）站位的选择

要把对方发过来的球接好，首先必须根据对方发球的站位来决定自己的站位。接发球的站位选择，既要考虑对方来球落点的变化，又要保证在进入对打阶段时个人技术特长的发挥。

（2）球性的判断

正确判断是接好发球的首要环节。只有判断上不出现较大的偏差，才能谈得上更好地运用接发球技术，避免由于判断不准而发挥不出来的情况。判定球性的主要方法如下。

①动作　从对方发球时拍面所朝方向和挥臂方向判断来球的斜、直线。对方如发斜线球，拍面所朝方向则向侧偏斜，手臂向斜前方挥击；对方如发直线球，拍面所朝方向则向前，手臂由后向前挥出。

②转向　从对方发球时，拍触球瞬间的移动方向判断来球的旋转性能。一般情况，球拍由上向下移动是下旋，从下向上是上旋，从左向右是右侧旋，从右向左是左侧旋。

③落点　从对发球时摆臂幅度大小和手腕用力程度判断来球落点远近和旋转强弱。

④运行　从来球弧线和球的运行判断来球落点和旋转性能。如果来球飞行弧线最高点是在对方台面上空或靠近网前则来球落点短；

反之，来球落点则长。下旋加转球飞行时是前段快后段下沉，不转球则是前段慢后段快。飞行弧线向左偏拐是右侧旋球，飞行弧线向右偏拐是左侧旋球。

⑤声音 从对方击球的声音来判断不同拍面。一般来讲，击球声音较响的一面是长胶或防弧拍，声音不响的那一面是反胶或正胶拍。

方法

接球的方法很多，归纳起来大体有以下 13 种：搓、托、推、吸、摆、拱、切、撇、挑、吊等。

（1）搓接

搓球的动作小，出手快，隐蔽性强，主要用于回接下旋球和侧下旋球，在回接反手位旋转球时，基本上用搓球。其技术动作就是拍面后倾，根据球的旋转强度，向前、向下击球。

①反手慢搓 反手慢搓时，面向球台，两脚分开，接近平站，引拍时，上臂靠近身体，前臂拉向左后上方，拍面稍后仰，于挥拍下降期触球中下部。击球时，上臂向前送出同时前臂旋内向前下方用力；直拍手腕屈，拇指略松，食指、中指多用力；横拍拍形略外展，食指、拇指配合用力，重心转至右脚。

②正手慢搓 正手慢搓的特点是动作较大，速度较慢，加转搓下旋较强，与搓不转球结合；旋转差距大，与正手攻、扣、拉结合弧圈球便于搓中转攻。正手慢搓的动作要领：站位近台 0.3 米至 0.5 米，两脚分开，左脚稍前，腰、髋略向右转，重心落右脚；向右上肩部引拍，前臂上提，拍形稍后仰，拇指用力，直、横拍手腕略有外展；来球至下降初期时，前臂向左前下方触球中下部，向下部发力摩擦，重心由右脚转至左脚。

③快搓 快搓的特点是动作较小、球速较快。与慢搓配合改变节奏，与进攻技术配合争取主动，主要用于接台内短球。其要点主要包括：

重心 身体重心前移，身体靠近来球；

前伸 前臂主动前伸插向球的中下部；

下切　快搓一般借力还击，若来球下旋弱则可用力下切。

快搓的动作要领：快搓在上升期击球，触球中部偏下，以手腕动作为主、速度快，但旋转较弱、线路短，但角度大。

④搓侧旋球　搓侧旋球的特点是搓侧旋球能改变来球旋转，弧线分别向球台两侧侧向偏拐，不易吃转，以此造成对手击球不适应，伺机转入进攻。搓侧旋球的动作要领如下。

反手搓侧旋球　球呈右侧旋。右脚稍前，手臂自然弯曲，引拍至身体左侧方，拍面稍后仰，于来球高点期或下降前期，触球中下部，迅速由左向右前方发力摸侧，横拍手腕略内收，重心由左脚转至右脚。

正手搓侧旋球　球呈左侧旋。右脚稍后，前臂自然弯曲上提，引拍至身体右侧后上方，拍面稍后仰，于来球高点期或下降前期，触球中下部，迅速由右向左前方发力摩擦，横拍手腕略外展，重心由右脚转至左脚。

⑤快摆　快摆称为"快搓摆短"，以借力搓击，动作小，落点近网，弧线低。用于接发球，回击搓、削等下旋、侧下旋近网球时使用，是抑制攻势的过度技术。

快摆的动作要领：动作与快搓相似，上身前伏，前臂伸入台内，拍形略后仰，于上升期触球中上部，减力或借力击球，手腕动作要小，用力细巧婉转。

（2）带

速度快、弧线低、路线活，借力还击，是手臂借来球反弹力将球"拖带"击出，当来球为上旋且旋转很强时使用。

（3）切接

①特点　所谓切接，常指的是一种侧切的技术，在来球角度大，无法反攻时，可以使用该技术。

②动作　拍子要半立起来，一般与地面夹角为45度至65度角，角度是根据来球的不同旋转和强度进行调整的。不论是左和右侧切，拍头都要伸出去，臂与身体的内夹角：右手侧切一般为60度至70度，左手侧切一般为30度至40度。

（4）托接

①特点　所谓托接，就是在搓球的基础上，挥拍不仅要向前用力，还要在触球时向上抬一下，为了避免球过高，拍子不能太后倾，比搓球要立一些。有种用拍子在球的底部向前、向上包一下的感觉。

②动作　这种包球动作是用拍子在球的底部画一个下弧：用前弧触球，向前、下用力，是弱下旋；用弧底触球，向前平动用力，是强下旋；用后弧触球，向上用点力，是不旋球，这后一种动作就明显是托球。

（5）拱接

①特点　所谓拱接，就是我们常说的那种挤球，是回接侧旋或上旋的技术动作，它是推、搓技术的结合。

②动作　当判断对方发球反手位侧旋和侧上旋时，拍面略后仰接触球，拍面与台面大约形成45度角，向前下方切挤用力。根据来球的旋转和回挤的落点，适当调整拍形和用力方向，此种接发球技术多用于反手位。用挤的方法回接，使球飞行弧线偏低，并产生下沉。

（6）拧接

①特点　正手搓右侧旋技术。通常为直拍采用，介于搓和挑之间。

②动作　球拍适当放平，保持竖直状，接触球的中下部，向右侧中部摩擦，手腕先旋内，再旋外，整个运动轨迹，近似于左方的半圆弧。球落台后，会向右拐弯，使球飞行弧线偏低，使对方来不及侧身。

（7）吸接

①特点　所谓吸接，实际上是一种减力推挡的技术。也就是说，在推挡技术动作的基础上，触球时拍子不是向前推，而是减力后撤。

②动作　重心要提起来，后脚跟稍离地，含胸收腹。在减力时，不是整个拍子向后撤，而是拍子在端平时下半部向后撤，上半部顺势前移。直握拍手的大拇指要松开拍子。要做好减力，手臂及手指在击球前一定要放松，这是关键。

（8）摆接

①特点　所谓摆接，是搓短球的一种摆短的有效方法。它最大的特点是出手快、突然性强，能有效限制对手的拉、攻上手。

②动作　在来球的上升期，引拍不易过高，拍型略立，触球中下部，以向前、下方发力为主，略带向侧的力量。击球时，手腕瞬间有一较小的制动动作，才能摆出高质量的短球。

（9）撇接

①特点　我们常误认为它是一种不太正规的动作。撇接技术是将滑板技术与搓球技术灵活运用、巧妙结合。

②动作　在接发球时，可造成对方判断失误而产生出其不意的效果。在球拍接触球时，手腕控制球拍，突然调整拍面改变回接路线。球拍接触球中下部，现左侧方或右侧方滑撇用力。

（10）吊接

①特点　所谓吊接，又称为"放"，但绝不能只认为是放高球，两者有着一定的不同。吊接往往重于战术的角度，吊到对方的空位，用于过度，调动对方，争取主动。一般直握拍选手运用得多。

②动作　不论在正位还是在反位，正、反手持拍基本立直，当迎住球时，挥拍主要向上、稍微向前用力。吊接过去的球，弧线不高，有一定上旋，速度不快，有点飘，还有一定下沉感，对方回球时很难借上力。

至于放高球，也是吊接的一种，但往往是在极为被动的情况下所采用的。放高球和吊球在落点上有区别：吊，一般落点是在中、近台；放，一般是在对方的端线附近，既跳得很高又向前飘拱，还有左右侧拐。

（11）晃接

①特点　晃接是利用身体虚晃，给对方造成判断失误，以达到提高回接质量的技术动作。此种技术动作使用范围比较广，高水平运动员在回接正、反手位的长、短球时，都可以运用晃接技术。

②动作　准备晃接时，身体站位、拍形角度、神态表情都与正常接发球动作相同。只是在球拍触球一瞬间，身体迅速做逼真的虚晃假动作，以达到调动对方身体重心移动的目的。然后，再向对方身体移动的反方向回接。晃接技术对运动员自身能力要求较高，只有在熟练、准确掌握各种回接技术的基础上，才能逼真地加上虚晃动作。

（12）挑接

①特点　所谓挑接，是接短球的一种方法，分为正手挑和反手挑。

②动作　当球即将过网时，手伸进台内；同时，视来球的方位不同，选择不同的脚向前跨步，将腿插入台下。以右手拍选手为例，正手挑，如果是正手位就上右脚；如果是反手位，就上左脚。用正、反手挑球，当前脚伸入台下时，后脚适当跟上一点。在来球的高点期，击球的后中部，以前臂发力撞击球为主。在击球的一瞬间，手腕有一突然的微小内收和外展，适当给球一点摩擦，以保证准确性。

（13）抹

类似滑板和带的综合技术。其中最常用的一种是，横板在回接反手位短球时，在球的上升期或高点期，接触来球的正面并向右上方摩擦，回到对方正手。要求动作突然且弧线低。

要点

乒乓球是一项技巧性较强的运动，很多技术动作不仅要在极短的时间里完成，还要符合战术运用的需要，这就对击球过程中身体各部位的协调配合，提出了较高的要求。

（1）调节好力量

接上旋转（奔球）正反手攻球或推挡回接，拍面适当前倾，击球的中上部，调节好向前的力量。

（2）多向前用力

接下旋长球用搓球、削球、提拉球回接，搓或削时多向前用力。

（3）用攻球推挡

接左侧上下旋球可采用攻球和推挡回接，拍面稍前倾并略向左偏斜，击球偏右中上（中下）部位，以抵消来球的左侧上（下）旋力。

（4）搓球或拉球

接右侧上、下球可采用攻球或推挡（搓球或拉球）回击，拍面稍前倾（后仰）并向右偏斜，击球偏左中上（中下）部位；回接要点和方法与接左侧上、下旋球相同。

（5）手腕和前臂

接近网的短球用快搓、快点或台内突击回接，主要靠手腕和前臂的力量。

（6）弧线和落点

接转与不转接在判断不准的情况下可轻轻地托一板或撇一板，但要注意弧线和落点。

（7）基本不转球

接不同性能球拍的发球时，长胶、生胶、防弧胶的发球基本属不转球，用相应的方法回接。

（8）拐弯程度大

接高抛发球，如球着台后拐弯的程度大，应向拐弯方向提前引拍。

12. 乒乓球的推挡技术

推挡是直拍打法的一项重要基本技术，运用得好，既能成为争取主动的助攻手段，又能起到积极防御或从相持变为主动的作用。

站位准备

根据运动员身材高矮的不同，运动员的站位及准备动作包括以下四点。

（1）位置

站位离台约 0.3 米至 0.4 米，大多站在球台左半台的 1/3 处，两脚开立，比肩略宽，右脚稍前，左脚稍后，相差半只脚左右或两脚平行。

（2）姿势

上体稍前倾，身体重心在两脚间，两膝微屈。

（3）球拍

拍呈半横状，拍面与球台平面约成 90 度。

（4）握拍

握拍时食指稍用力，拇指放松，上臂和肘部自然靠近身体右侧，上臂与前臂的角度约为 100 度，肩部放松。

常见方法

推挡球是推球和挡球的总称，可分为平挡、快推、加力推、减力挡、推下旋、推侧旋等。

（1）平挡

也称挡球，又分为正手挡球和反手挡球两种，其特点是力量小、球速慢、落点适中、不旋转或轻微旋转。挡球动作简单、容易掌握，是初学者的入门技术。通过练习可以熟悉球性，体会动作，给进一步学习其他推挡技术打好基础。

①反手挡球　站位在球台中间或偏左，身体离台约0.4米至0.5米。两脚开立，比肩稍宽，右脚略前或两脚平站，两膝微屈，收腹含胸，上体略向左转。右臂自然弯曲，引拍至身体前方或略偏左，同时前臂外旋，使拍形接近垂直。

来球从台面弹起后，前臂向前，以拍迎球，在来球的上升期，以接近垂直的拍形推击球的中部。击球瞬间只以前臂和手腕轻轻用力，主要借助来球的反弹力将球挡回。击球后，手和臂顺势向前挥动，并迅速还原成击球前的准备姿势。动作过程中，身体重心放在双脚上。

②正手挡球　站位在球台中间或偏左，身体离台约0.4米至0.5米。两脚开立，左脚略前，两膝微屈，收腹含胸，上体略向右转。右臂自然弯曲并内旋，使拍面接近垂直，置于身体右侧前方。

来球从台面弹起后，前臂向前，以拍迎球，在来球的上升期，以接近垂直的拍形推击球的中部。只以前臂和手腕轻轻用力。击球后，手和臂顺势向前挥动，并迅速还原成准备姿势。

（2）快推

①特点　运用快推的特点是站位近，动作小，借力还击，速度快，线路变化多。适用于回击一般的拉球、推挡球和中等力量的攻球。在相持中能发挥回球速度快的优势，推压两大角或袭击对方空挡，为自己的进攻创造条件。

②动作　击球点靠近身体，前臂适当后撤引起。在前臂向前推送的过程中，完成外旋动作。转腕动作不宜过大，关键是时机要恰当。

（3）加力推

①特点　加力推主要用于回球、力量重、速度快、击球点较高，

充分发挥手臂的推压力量。竞赛中运用加力推可迫使对方离台，陷于被动局面，与减力挡搭配使用，能有效地调动对方，获得主动权。它适用于对付速度较慢、旋转较弱的上旋球或力量较轻、着台后弹起比网稍高的来球。

②动作　球拍后撤上引是为了增大用力距离，击球点适当离身体远一点，击球时间不宜过早或过迟，要有效地把身体各部分的力集中在击球的一瞬间。

（4）减力挡

减力挡的特点是动作小、力量轻，能减弱来球的反弹力，故落点近、弧线低、不旋转、前进力极弱，多半在对方来球力量大或上旋强烈的情况下使用，能调动对方上前击球，如推后配合攻球或加力推，效果更好。

（5）推下旋

①特点　推下旋的特点是力量重、弧线低、落点远、带急下旋、球下沉，对方回击时不能借力，并容易落网，故能遏制对方进攻、创造进攻机会，是威力很大的一种推挡技术。

②动作　站位在球台中间或偏左，身体离台约 0.4 米。两脚平站或左脚稍前，两膝微屈，收腹含胸，身体向前或略向左转。右上臂和肘关节靠近身体右侧，前臂略内旋并提起，引拍至身前或偏左，与球网同高或略高，拍面微后仰。来球从台面弹起后，前臂和手腕向前下方挥拍迎球，在来球的上升后期或高点前期推击球的中部。球拍击球瞬间，上臂、前臂和手腕用力使球拍向前下方摩擦球。

13. 乒乓球的削球技术

削球是我国乒乓球传统手法之一，也是乒乓球防守技术之一。削球技术正在向转、稳、低、攻方向发展，具有球速慢、弧线长、球下旋等特点，是一种防守技术，以其旋转和落点变化威胁对方。其包括有近削、远削、加转削、不转削、削逼角球和削弧圈球等。

近削

近削的动作幅度小、回球速度快、前进力较强，多用于近削逼角，有一定的威胁，往往能获得主动或直接得分。一般用来对付轻拉球和一般的上旋球。其动作要点包括以下三点。

（1）引拍

向上引拍比肩略高。

（2）调节

根据来球的情况调节拍面后仰角度。

（3）动作

前臂发力为主，手腕配合下压，击球后没有前送的动作。

远削

远削的击球动作大、球速慢、弧线长，有利于削转与不转球和以落点变化来牵制对方。常适用于对付对方的扣杀球、弧圈球和提拉球。它是以削为主打法的选手必须掌握的基本技术之一。

（1）正手

站位中台左脚稍前，上体稍向右转重心落于右脚，持拍手臂自然弯曲于腹前。顺来球方向向右上方引拍与肩同高，拍面后仰。当球从台上弹起时，持拍手上臂带动前臂由右上向左前下方加速切削，手腕向下转动用力，在右侧离身体 0.4 米处击准下降期球的中下部，并顺势前送。

（2）反手

中台站位右脚稍前，上体左转重心落于左脚，持拍手自然弯曲放松置于胸前。顺来球路线向左上方引拍约与肩高，拍柄向下。当球弹起时持拍手从左上方向右前下方挥动，拍面后仰，用前臂和手腕加速用力切削，球拍在胸前偏左 0.3 米处击准下降期球的中下部，并顺势挥至右侧下。

削弧圈球

削加转弧圈球是削球手必须掌握的一项重要技术。由于加转弧圈球上旋强，触拍后向上的反弹力极大，处理不好容易回出高球甚至出界，所以难度较大。削弧圈球的要点包括以下四点。

（1）触球

应在来球的下降后期触球，此时球的旋转已减弱。

（2）反弹

击球点一般选在右腹前为宜，并适当放低些，这样可利用来球部分向上的反弹力形成自然的回球弧线，有利于提高削球的准确性。

（3）触球

球拍触球时，拍面不能过分后仰，应触球的中下部，如来球旋转较强，可使拍面竖直些，并适当加大手臂向下压球的力量。

（4）固定

触球时，手腕应相对固定，以免回球过高。

错误与纠正

在削球时容易犯错误及纠正方法有以下四种。

（1）上提不够

引拍上提不够，削击路线短。纠正方法：按动作要点徒手反复做引拍练习。

（2）过于后仰

拍面过于后仰。纠正方法：拍面稍竖，多练削对方平击发球。

（3）用力过大

向下挥拍削球球拍向前用力过大。纠正方法：多球练习，体会接重板球时前臂下压动作。

（4）球易下网

击球后上臂前送不够使球下网。纠正方法：多练远削球，体会上臂前送动作。

14. 乒乓球的攻球技术

攻球是得分的重要手段，是左推右攻和两面攻型打法的主要技术之一，也是其他类型打法不可缺少的技术。

正手近台攻球

正手近台攻球，击球时间早，球的速度快，动作幅度小，是近台快攻打法的主要技术之一。常用于还击正手位的发球，如推挡球、一般的上旋球等，使对方措手不及，在对攻中以线路、落点变化相结合，调动对方，伺机扣杀。

（1）直拍正手近台攻球

①准备姿势　直拍正手近台攻球时，身体靠近球台，右脚稍后，两膝微屈，上体略前倾。

②在击球前　引拍至身体右侧成半横状，上臂与身体约成 35 度，与前臂约成 120 度。当球从台面弹起时，手臂由右侧向左前上方迅速挥动，以前臂发力为主。

③在击球时　食指放松，拇指压拍，使拍面前倾并结合手腕内转动作，在球上升期击球的中上部。

（2）横拍正手近台攻球

横拍正手近台攻球时，前臂和手腕成直线并与台面接近平行，拍柄略朝下。击球的时间、部位、拍面角度及手臂挥动方向基本与直拍相似。

正手中远台攻球

（1）特点

正手中远台攻球的站位稍远，动作幅度大、力量重、进攻性强，但步法移动的范围较大。

（2）适用

多用于对攻中，以力量配合落点变化直接得分或为扣杀创造条件，也用于侧身后扑正手打回头，防御时，在相持中寻找机会，削球选手削中反攻。

（3）动作

右脚在后，重心支撑点在右脚，身体离台 1 米左右。击球前的准备姿势与正手近台攻球相似。击球时以上臂发力为主，带动前臂和手腕向左前上方挥动，在球最高点或下降前段击球的中部。

正手拉球

（1）特点

正手拉球站位近、速度快、动作小、线路活和稳健性好。

（2）适用

正手拉球是回击发球、搓球、削球等下旋球的一种必备技术。常用于接发球抢位，对搓中抢位；对付削球时稳拉，以落点、弧线和旋转程度的变化，伺机进行突击。

（3）动作

身体重心略下降，右肩稍下沉。在球的下降前期击球，不可过于低于台面。触球时应尽量增大摩擦球体的面积和时间。

正手扣杀

（1）特点

正手扣杀的动作幅度大、力量重、球速快、攻击性强，是得分的重要手段。

（2）适用

常用来还击着台后弹起比网高的机会球或前冲力不大的半高球。

（3）动作

两脚开立，右脚在后，重心支撑点在右脚。击球前，身体略向右转，引拍至右后方成半横状；击球时，上臂带动前臂由后向前用力挥击，结合右腿蹬地和转腰力量在高点期击球。来球上旋，击球时拍面稍前倾，击球的中上部；来球下旋，击球前球拍要略低于来球，击球的中部。

正手台内突击

（1）特点

正手台内突击站位近、动作小、速度快、突击性强，是处理近网短球的一项重要技术，是我国快攻打法运动员掌握的特有的进攻技术。

（2）适用

常用于还击弹跳不出台的下旋球，在对搓中突击起板或在对付削球时，利用这一技术直接得分或为扣杀创造机会。

（3）动作

站位靠近球台，接右方近网短球时，右脚迅速向右前方跨出一步，上体略前倾，球一着台就迅速将球拍伸进台内。当球跳至高点期时，前臂内旋结合手腕转动进行击球。来球上旋，食指就放松，拇指压拍，使拍面前倾，击球时前臂和手腕向前用力多些；来球下旋，则拍面稍后仰，击球的中下部，前臂和手腕向上用力多些。

正手杀高球

正手杀高球幅度大、击球点高、力量重，配合落点的运用，能给对方致命的打击，多用于对付弹起较高的来球。正手杀高球要点如下。

（1）集中力量

要集中全身的力量于触球的一瞬间。

（2）增大半径

击球点适当离身体稍远一点，增大挥拍动作的半径。

（3）有前冲力

近网高球只需向下用力，但杀落点远、落点后有一定前冲力的高球，应保持足够的向前力量。

反手快拨

（1）特点

反手快拨是横拍进攻型运动员常用的一项相持性技术。具有站位近、动作小、落点变化多的特点。

（2）适用

它主要用来对付弧圈球、直拍推挡或反手攻球，虽有一定的速度，但力量较差，应与侧身攻或反手突击等技术结合运用。

（3）动作

动作要领是两脚平行站立。击球前，肘关节自然弯屈，引拍至腹部左前侧，拍柄稍向下，肘部稍前出。击球时，前臂带动手腕向右前方挥动，拍面前倾，在上升期击球的中上部。

反手快点

反手快点速度快、线路活、具有突然性，是直、横拍两面攻打法的一项重要技术，多用于前3板。如发短球后和接近网短球及相互摆短时，常用它来抢先上手，以争取下一板的进攻机会，以左推右攻为主的运动员，如能熟练运用反手快点技术，可在前3板中获得更多的主动权。

反手近台攻球

反手近台攻球站位近、动作小、速度快、突击性强。一般用来回击落在左半台的来球，与反手推挡、正手攻球结合，能加强攻势，取得更多的主动权，但反手攻球因受身体妨碍，攻球力量不如正手大。

（1）回击加转弧圈球

回击加转弧圈球时，上臂贴近身体，向左后方引拍，前臂高于台面，拍柄略向下。当球从台面刚一弹起，前臂即快速外旋挥拍，拍面与台面约成60度，击球的中上部。

（2）回击前冲弧圈球

回击前冲弧圈球时，前臂应稍低些，右肩略微朝前下倾，拍面与台面约成70度，向前用力击球的中上部。

反手快拉

（1）特点

反手快拉的特点是站位近、动作小、速度较快、落点变化多，是对付下旋来球的一项重要技术。

（2）适用

用它找机会突击，既可加强攻势，又可避免正手空位过大。横拍和直拍的反面快拉加快了反手位的节奏，对搓中或还击削球时运用它能争取主动权或直接得分。

（3）动作

右脚稍前或两脚平行站立。击球前，引拍至腹前偏左处，上臂与前臂约成130度，肘关节略向前，拍面近乎垂直。击球时，上臂贴近身体，前臂向右上方挥动，在下降前期击球的中下部。触球一瞬间，手腕向上转动，使拍面摩擦球。击球后，球拍随势挥至头部。

反手扣杀

（1）特点

反手扣杀的特点是动作大、力量重、球速快、攻击性强，是还击机会球的一种方法，是得分的有效手段。

（2）适用

它一般在发球、相持中取得机会后运用。

（3）动作

两脚开立，右脚稍前。击球前，身体略向左转，并向左后方引拍，上臂贴近身体，重心支撑点在左脚。击球时，上臂带动前臂向右前方挥击，同时腰部右转，拍面前倾，拍柄略向下，在高点期击球的中上部。击球后，随势挥拍至右肩前上方，重心支撑点移至右脚。

反手台内攻球

（1）站位

站位靠近球台。

（2）动作

来球在左方近网位置时，右脚立即向左前方跨出一步，上体略前倾，迅速将拍伸进台内，拍柄稍向下。当球跳至高点期时，运用前臂外旋和手腕转动的力量击球。来球上旋，击球时食指压拍使拍面前倾，击球的中上部，向前发力多些；来球下旋，击球时拍面略后仰，击球的中下部，向上用力多些。

反手中台攻球

（1）姿势

右脚稍前，身体略向左转，重心支撑点放在左脚上，离台约1米。

（2）击球前

击球前，上臂贴近身体，肘关节自然弯屈，引拍至腹部左前侧。

（3）击球时

击球时，上臂带动前臂向右前上方迅速挥动，拍面近乎垂直，在下降前期击球的中部或中下部。击球后，球拍随势挥至头部，重心支撑点移至右脚。

侧身攻球

侧身攻球速度快、力量重、攻势强，它是各种不同类型打法都必须掌握的一项重要技术。侧身攻运用多少在很大程度上取决于进攻能力的强弱。侧身攻球时，运动员应注意的问题包括以下四点。

（1）合适角度

侧身后，要保持上体与球台的合适角度，侧身攻球既能攻斜线，也能打直线，同时不妨碍下一次击球。

（2）击球空间

要有足够的击球空间（收腹）。

（3）避免移动

应尽量避免在移动过程中击球。

（4）重心前移

攻球时要利用右脚蹬地的力量，重心适当前移，前臂稍向前发力。

15.乒乓球的基本战术

乒乓球战术是指运动员根据对方的打法类型、技术特点等而采用的各种技术手段与方法，其特点是伴有旋转、技术、落点、弧线、线路、速度、力量与节奏等变化，并带有明显攻击或限制对手的目的，是前后连续 2 个或 2 个以上技术动作的组合运用。

战术原则

战术带有一定的理论性，在实施这些战术时，应该注意遵守以下一些原则。

（1）善于观察分析

战术运用必须善于观察战局的变化，分析对方的心理，决定对策后，果断给予对手以出其不意的攻击，这不仅容易破坏对方的作战计划，而且在心理上也给对手造成很大的威胁。

（2）做到知己知彼

竞赛前，不但要对自己的技术状况心中有数，而且还必须了解对手的球拍性能，技、战术特点，长、短处，等等情况，以制订出正确的作战计划。在竞赛开始阶段还必须注意观察对手的技术特点，摸索对手的战术规律，以迅速制定自己的有利战术。

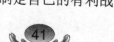

（3）做到随机应变

战术的制定和运用必须灵活多变，更避免单调呆板。

（4）学会以长治短

每一个运动员不论技术水平高低，总有长处和短处、优点和缺点。竞赛时，运动员应该在技术运用上就要根据不同情况，扬长避短，尽量发挥自己的特长，抓住其技术上的弱点进行攻击，使对手的长处不能施展。

（5）能够敢打敢拼

竞赛可能会遇到各种情况，只有在竞赛中大胆、果断地运用各种战术，才能使战术取得预期的效果。

常用战术

现代乒乓球运动的打法类型甚多，而任何一种打法都有诸多特定的战术。

（1）发球抢攻

发球抢攻战术是以旋转、线路、落点及速度不同的发球来增加对方回击的难度，使其出现机会球或降低回球质量，然后抢先进攻，以争取主动或直接得分，这是乒乓球所有打法中特别是进攻型打法的主要战术和得分手段。

发球抢攻战术的方法包括：

①旋转　发下旋转与不转抢攻；

②奔球　发正、反手奔球抢攻；

③抢攻　发正、反手侧上、下旋球抢攻。

（2）接发球抢攻

接发球抢攻战术由某一单项攻球技术所形成，进攻性强，可变接发球的不利地位为主动地位，也可直接得分，是乒乓球运动各种打法特别是进攻型打法的主要战术。

接发球抢攻战术的方法是用快点、快攻或中等力量突击进行接发球抢攻。

（3）推攻

推攻战术是左推右攻打法对付攻击型打法的主要战术，有反手推挡能力的两面攻运动员、攻削结合运动员等常使用它。推攻战术主要运用正手攻球和反手推挡的速度和力量，并结合落点变化和节奏变化来压制和调动对方，以争取主动或得分。

推攻战术的方法包括：

①推攻　左推右攻；

②推挡　推挡侧身攻；

③后扑　推挡、侧身攻后扑正手；

④结合　左推结合反手攻；

⑤侧身　左推、反手攻、侧身攻后扑正手。

（4）拉攻

拉攻战术是快攻打法对付削球类打法的主要战术。它连续运用正手快拉创造进攻机会，然后采用突击和扣杀作为得分手段。

拉攻战术的方法包括：

①正手　正手拉后扣杀；

②反手　反手拉后扣杀。

（5）拉、扣、吊结合

拉、扣、吊结合战术由拉攻与放短球相结合而成，是快攻型打法对付削球打法的常用战术。

拉、扣、吊结合战术的方法包括：

①短球　在拉攻战术的扣杀或突击后放短球；

②扣杀　在拉攻战术中放短球后，结合扣杀或突击。

（6）搓攻

搓攻战术是乒乓球各种打法都不可缺少的辅助战术。它主要运用"转、低、快、变"的搓球控制对方，以寻找战机，然后采用低突、快点或拉攻等技术展开攻势并进入连续进攻；在搓球中遇到机会球时进行扣杀，常常带有突然性，往往可以直接得分。

搓攻战术的方法包括：

①正手　正、反手搓球结合正手快拉、快点、突击或扣杀；

②反手　正、反手搓球结合反手快拉、快点、突击或扣杀。

（7）削中反攻

削中反攻战术有"逼、变、凶、攻"的特点，是攻、削结合打法的主要技术。它由削球和攻球结合而成，常以逼角加转削球为主，伺机反攻；抑或是以转、低、稳、变的削球，迫使对手在走动中拉攻，从中寻找机会，予以反攻。

削中反攻战术的方法包括：

①空挡　正、反手削球逼角，结合正手攻或侧身攻对方右侧空挡；

②反攻　正、反手削两大角长球，结合正、反手反攻。

（8）两面攻

两面攻战术是两面攻打法对付攻击型打法的主要战术。它主要利用正、反手攻球技术的速度和力量压制对方，争取主动和创造扣杀机会。

两面攻战术方法包括：

①攻左扣右；

②攻打两角；

③猛扣中路。

16. 乒乓球的竞赛规则

乒乓球规则包括程序性规则、一般规则和得分等部分。

程序性规则和得分

（1）时制

乒乓球竞赛中，有局、场之分，每一种都有自己的时间规定。

①一局竞赛　在一局竞赛中，先得 *11* 分的一方为胜方；*10* 平后，先多得 *2* 分的一方为胜方；

②一场竞赛　每场竞赛由单数局组成。一场竞赛应连续进行，但在局与局之间，任何运动员都有权要求不超过 *2* 分钟的休息时间。

（2）得 *1* 分

除被判重发球的回合外，下列情况运动员得 *1* 分：

①发球　对方运动员未能合法发球；

②还击　对方运动员未能合法还击；

③触及　运动员在发球或还击后，对方运动员在击球前，球触及了除球网装置以外的任何东西；

④越过　对方击球后，该球越过本方端线而没有触及本方台区；

⑤阻挡　对方阻挡；

⑥连击　对方连击；

⑦击球　对方用不符合相关条款的拍面击球；

⑧移动　对方运动员或他穿戴的任何东西使球台移动；

⑨装置　对方运动员或他穿戴的任何东西触及球网装置；

⑩台面　对方运动员不执拍，手触及竞赛台面；

⑪次序　双打时，对方运动员击球次序错误；

⑫轮换　执行轮换发球法时，接发球运动员或其双打同伴，包括接发球一击，完成了 13 次合法还击。

（3）间歇

乒乓球竞赛中关于间歇的规则有：

①要求　除一方选手提出要求外，竞赛应该继续进行；

②时间　在局与局之间，不超过 1 分钟的间歇时间；

③擦汗　每局竞赛中，每得 6 分后，或决胜局交换方位时，有短暂的时间擦汗。

（4）暂停

出现下列情况时，可以暂停竞赛。

①纠正　由于要纠正发球、接发球次序或方位错误；

②轮换　由于要实行轮换发球法；

③警告　由于警告或处罚运动员；

④干扰　由于竞赛环境受到干扰，该回合结果有可能受到影响。

一般规则

（1）发球、还击次序

①单打竞赛　在单打中，首先由发球员合法发球，再由接发球员合法还击，然后两者交替合法还击；

②双打竞赛　在双打中，首先由发球员合法发球，再由接发球员合法还击，然后由发球员的同伴合法还击，再由接发球员的同伴合

法还击，此后，运动员按此次序轮流合法还击。

（2）合法发球

发球是竞赛的起始阶段，要保证发球的合法，要遵守以下一些规则。

①静止　发球时，球应放在不执拍的手掌上，手掌张开和伸平。球应是静止的，在发球方的端线之后和竞赛合面的水平面之上。

②垂直　发球员必须用手将球几乎垂直地向上抛起，不得使球旋转，并使球在离开不执拍手的手掌之后上升不少于 0.16 米。

③触及　当球从抛起的最高点下降时，发球员方可击球，使球首先触及本方台区，然后越过或绕过球网装置，再触及接发球员的台区。在双打中，球应先后触及发球员和接发球员的右半区。

④水平　从抛球前球静止的最后一瞬间至击球时，球和球拍应在竞赛台面的水平面之上。

⑤端线　击球时，球应在发球方的端线之后，但不能超过发球员身体，手臂、头或腿除外，即离端线最远的部分。

⑥规定　运动员发球时，有责任让裁判员或副裁判员看清他是否按照合法发球的规定发球。

⑦警告　如果裁判员怀疑发球员某个发球动作的正确性，并且他或者副裁判员都不能确信该发球动作不合法，一场竞赛中此现象第一次出现时，裁判员可以警告发球员而不予判分。

⑧怀疑　在同一场竞赛中，如果运动员发球动作的正确性再次受到怀疑，不管是否出于同样的原因，不再警告而判失 1 分。

⑨合法　无论是否第一次，任何时候，只要发球员明显没有按照合法发球的规定发球，就将被判失 1 分，无须警告。

⑩决定　运动员因身体伤病而不能严格遵守合法发球的某些规定时，可由裁判员作出决定免予执行，但必须在赛前向裁判员说明。

（3）合法还击

对方发球或还击后，本方运动员必须击球，使球直接越过、绕过球网装置或触及球网装置后，触及对方台区。

（4）重发球

竞赛中，出现下列情况应判重发球：

①触及　如果发球员发出的球，在越过或绕过球网装置时，触及球网装置，此后成为合法发球或被接发球员或其同伴阻挡；

②企图　如果接发球员或同伴未准备好时，球已发出，而且接发球员或其同伴均没有企图击球；

③干扰　由于发生了运动员无法控制的干扰，而使运动员未能合法发球、合法还击或遵守规则；

④暂停　裁判员或副裁判员暂停竞赛；

⑤错发　在双打时，运动员错发、错接。

（5）发球、接发球次序和方位的错误

关于发球、接发球次序和方位错误的规则有：

①次序　裁判员一旦发现发球、接发球次序错误，应立即暂停竞赛，并按该场竞赛开始时确立的次序，按场上比分由应该发球或接发球的运动员发球或接发球；在双打中，则按发现错误时那一局中首先有发球权的一方所确立的次序进行纠正，再继续竞赛；

②方位　裁判员一旦发现运动员应交换方位而未交换时，应立即暂停竞赛，并按该场竞赛开始时确立的次序按场上比分运动员应站的正确方位进行纠正，再继续竞赛；

③得分　在任何情况下，发现错误之前的所有得分均有效。

（6）发球、接发球和交换位置的顺序

关于发球、接发球和交换位置的顺序的规则，主要有如下几条：

①抽签　选择发球、接发球和这一方、那一方的权力应由抽签来决定，中签者可以选择先发球或先接发球，或选择先在某一方；

②选择　当一方运动员选择了先发球或先接发球，或选择先在某一方后，另一方运动员应有另一个选择的权力；

③轮换　在获得2分之后，接发球方即成为发球方，依此类推，直至该局竞赛结束，或者直至双方比分都达到10分或者实行轮换发球法，这时，发球和接发球次序仍然不变，但每人只轮发1分球；

④确定　在双打的第一局竞赛中，先发球方确定第一发球员，再

由先接发球方确定第一接发球员，在以后的各局竞赛中，第一发球员确定后，第一接发球员应是前一局发球给他的运动员；

⑤成为　在双打中，每次换发球时，前面的接发球员应成为发球员，前面的发球员的同伴应成为接发球员；

⑥次序　第一局中首先发球的一方，在该场下第一局应首先接发球，在双打决胜局中，当一方先得 5 分时，接发球方应交换接发球次序；

⑦方位　第一局中，在某一方位竞赛的一方，在该场下第一局应换到另一方位，在决胜局中，一方先得 5 分时，双方应交换方位。

（7）轮换发球法

①暂停　如果第一局竞赛进行到 15 分钟仍未结束，双方都已获得至少 19 分时除外，或者在之前任何时间应双方运动员要求，应实行轮换发球法。当时限到时，球仍处于竞赛状态，裁判员应立即暂停竞赛，由被暂停回合的发球员发球，继续竞赛。当时限到时，球未处于竞赛状态，应由前一回合的接发球员发球，继续竞赛；

②轮发　此后，每个运动员都轮发 1 分球，直至该局结束。如果接发球方进行了 13 次合法还击，则判发球方失 1 分。

③实行　轮换发球法一经实行，或第一局竞赛进行了 10 分钟，该场竞赛剩余的各局都必须实行轮换发球法。

第二章

羽毛球运动的竞赛与裁判

1. 羽毛球的发展历史

起源

羽毛球运动的起源众说纷纭，主要的说法有以下几种。

（1）起源于日本

相传羽毛球最早出现于 14 世纪至 15 世纪时的日本，球拍是木制的，球用樱桃核插上羽毛制成。这种球由于球托是樱桃核，太重，球飞行速度太快，使得球的羽毛极易损坏，加之球的造价太高，所以该项运动时兴了一阵子就慢慢消失了。

（2）出现在印度

大约至 18 世纪时，印度的普那出现了一种与早年日本的羽毛球极相似的游戏，球用直径约 0.06 米的圆形硬纸板，中间插羽毛球制成，板是木质的，玩法是 2 人相对站着，手执木板来回击球。

（3）诞生在英国

现代羽毛球运动诞生于英国，大约在 1800 年，它是由网球派生而来的。1870 年，英国出现了用羽毛、软木做的球和穿弦的球拍。1873 年英国公爵鲍弗特在格拉斯哥郡伯明顿镇的庄园里进行了一次羽毛球游戏表演。从此，羽毛球运动便逐渐开展起来，"伯明顿"即成了羽毛球的名字，英文的写法是"Badminton"。

世界羽毛球的发展

羽毛球在英国诞生以后，在英国本土发展非常迅速。1877 年第一版羽毛球竞赛规则在英国出版。1893 年在英国成立了世界上第一个羽毛球协会。1899 年该协会举办了第一届"全英羽毛球锦标赛"，每年举办一次，沿袭至今。

很快羽毛球运动开始扩展到其他地区，从斯堪的纳维亚到英联邦各国，20 世纪初流传到亚洲、美洲、大洋洲，最后传到非洲。

1934 年，成立了国际羽毛球联合会，总部设在伦敦。1939 年国际羽毛球联合会通过了各会员国共同遵守的《羽毛球竞赛规则》。

20世纪20年代至40年代欧美国家的羽毛球运动发展很快,其中英国、丹麦、美国、加拿大的水平相当高。

在1988年汉城奥运会上,羽毛球被列为表演项目,1992年巴塞罗那奥运会列为正式竞赛项目,1996年亚特兰大奥运会混双列为竞赛项目。从此羽毛球运动进入新的发展时期。

2006年羽毛球新规则在试行了3个月后正式实施,在该年汤、尤杯赛中首先采用。

中国羽毛球的发展

(1)中华人民共和国成立前

现代羽毛球运动约于1910年传入我国,最早在上海,随后在广州、天津、北京、成都等城市的基督教青年会和学校中有所开展。

(2)中华人民共和国成立后

中华人民共和国成立后,党和政府十分关心人民群众的健康,体育运动得到了蓬勃的发展。

1954年前后一批报效祖国的赤子回国,并带回了先进的羽毛球技术,同时组建了国家集训队。当时我国未加入国际羽联,故未参加世界性锦标赛。但是在国际相互的交往中,多次与当时的世界强队进行过较量,都取得了优异的成绩,被许多外电报誉为"无冕之王""冠军之冠军"等。

直至1981年5月,国际羽联重新恢复我国在国际羽联的合法席位,实现了我国运动员多年的夙愿——逐鹿世界羽坛,争夺世界桂冠,为国争光。

1981年7月在第一届世界运动会上,我国运动员夺取了男女单、双打的4项冠军。1982年我国第一次参加了全英羽毛球竞赛,夺得女子单打冠军、女子双打冠军、男子单打冠军。同年,中国队第一次参加"汤姆斯杯"赛,夺得冠军。1984年在马来西亚的吉隆坡,我国羽毛球女队又夺得了第十届"尤伯杯"。1996年在亚特兰大奥运会上勇夺女双冠军,实现了我国羽毛球项目在奥运会上零的突破。进入21世纪,中国依然保持着羽毛球强国的地位,在2008年北京奥运会和2010年的广州亚运会上,中国羽毛球队都取得了优异的成绩。

2.羽毛球的特点和作用

羽毛球运动作为一项体育运动和娱乐活动受到了广泛的欢迎，因为它具有以下特点和作用。

全身型的运动

无论是进行有规则的羽毛球竞赛还是作为一般性的健身活动，都要在场地上不停地进行脚步移动、跳跃、转体、挥拍，合理地运用各种击球技术和步法将球在场上往返对击，从而增大了上肢、下肢和腰部肌肉的力量，加快了锻炼者全身血液循环，增强了心血管系统和呼吸系统的功能。

不受场地限制

羽毛球活动对设备的基本要求比较简单，只需要 2 个球拍、1 个球和 1 条绳索即可。因此它不仅可以在正规的室内运动场进行，也可以在公园、生活小区等处广泛地开展。

集体个人皆宜

羽毛球运动既可单兵作战，又可集体会战。

（1）单人对练

单人对练时，练习者可以随心所欲地打出任何弧线、任何远度、任何力量、速度等任何落点的球来。

（2）集体会战

集体会战则可以使练习者养成协调配合的习惯，培养集体主义精神。

游戏性比较强

身强力壮的年轻人可以将球打得又刁又重，拼尽全力扑救任何来球，尽情散发自己的青春气息；年老体弱的练习者可以把球轻轻地击来打去，根据自己的要求来变换击球节奏，从而达到锻炼身体、延年益寿的功效，既活动了身体，又娱乐了心情。不同年龄、不同性别及不同体质的人都能在羽毛球运动中找到乐趣。

可调节运动量

羽毛球运动适合于男女老幼，运动量可根据个人年龄、体质、运动水平和场地环境的特点而定。青少年可将其作为促进生长发育、提高身体机能的有效手段进行锻炼，运动量宜为中强度，活动时间以40分钟至50分钟为宜。

3. 羽毛球竞赛的场地

羽毛球是一项非常简单的运动，但尽管如此，它对于竞赛场地方面，还是有一些具体规定的。竞赛场地是羽毛球竞赛的地方，关于场地的规定包括场地大小、球网等

球场

球场应是一个长方形，用宽0.04米的线画出。场地线的颜色最好是白色、黄色或其他容易辨别的颜色，在大小、规格等方面都有明确的要求。

（1）规格

按照规定，羽毛球场地长度为13.40米，双打场地宽为6.10米，单打场地宽为5.18米。

（2）区域

羽毛球场地横向被中线平分为左右两个半区；纵向被分为前场、中场、后场。

（3）边线

场地外面两条边线是双打场地边线，里面的两条线是单打场地边线。

（4）距离

双打边线与单打边线相距0.46米，靠近球网1.98米与网平行的两条线为前发球线，离端线0.76米与端线相平行的线为双打后发球线。

网柱

（1）规格

从球场地面起，网柱高 1.55 米。网柱必须稳固地同地面垂直，并使球网保持紧拉状态。如不能设置网柱，必须采用其他办法标出边线通过网下的位置。例如，使用细柱或 0.04 米宽的条状物固定在边线上，垂直向上到网顶绳索处。

（2）设置

在双打球场上，不论进行的是双打还是单打竞赛，网柱或代表网柱的条状物，均应置于双打边线上。

球网

球网应由深色、优质的细绳织成。具体规定如下。

（1）规格

网孔方形，各边长均在 0.015 米至 0.02 米，网上下宽 0.76 米。

（2）顶端

网的顶端用 0.075 米的白布对折而成，用绳索或钢丝从夹层穿过。

（3）取平

白布边的上沿必须紧贴绳索或钢丝。绳索或钢丝须有足够的长度和强度，能牢固地拉紧并与网柱顶部取平。

（4）高度

球场中央网高 1.524 米，双打边线处网高 1.55 米。球网的两端必须与网柱系紧，它们之间不应有空隙。

4. 羽毛球竞赛的器具

羽毛球

羽毛球可由天然材料、人造材料或用它们混合制成。只要球的飞翔性能与用天然羽毛和包裹羊皮的软木球托制成的球的性能相似即可。

（1）一般式样的规格

一般常用的羽毛球有以下一些特征：

①固定　羽毛球应有 16 根羽毛固定在球托部；

②长度　羽毛长 0.064 米至 0.07 米，但每一个球的羽毛从托面到羽毛尖的长度应一致；

③直径　羽毛顶端围成圆形，直径为 0.058 米至 0.068 米；

④材料羽毛应用线或其他适宜材料扎牢；

⑤圆形　球托直径 0.025 米至 0.028 米，底部为圆形；

⑥重量　羽毛球重量 4.74 克至 5.50 克。

（2）非羽毛球制成球

有的羽毛球运动用的球是用合成材料制成的，具体特征如下：

①同一　球托、尺寸和重量同一般羽毛球；

②误差　由于合成材料与天然羽毛在比重、性能上的差异，因此可允许不超过 10% 的误差。

球拍

球拍也是羽毛球运动的一项重要器材，有一些具体的规定。

（1）结构

①框架　球拍由拍柄、排弦面、拍头、拍杆、连接喉组成整个框架；

②拍柄　拍柄是击球者握住球拍的部分；

③拍面　拍弦面是击球者用于击球的部分；

④拍头　拍头界定了拍弦面的范围；

⑤连接　连接喉连接拍杆与拍头；

⑥拍框　拍头、连接喉、拍杆和拍柄总称拍框。

（2）规格

球拍的大小长度具体规格如下。

①长度　拍框总长度不超过 0.68 米，宽不超过 0.23 米。

②面长　拍弦面应是平的，用拍弦穿过拍头十字交叉或以其他形式编织而成。编织的式样应保持一致，尤其是拍面中央的编织密度不得小于其他部分。拍弦面长不超过 0.28 米，宽不超过 0.22 米。

③区域　不论拍弦用什么方式拉紧，规定拍弦伸进连接喉的区域都不能超过 0.35 米，连同这个区域在内的整个拍弦面长不能超过 0.33 米。

要求

球拍不允许有附加物和突出部，除非是为了防止磨损、断裂、振动，或调整重心的附加物，或预防球拍脱手而将拍柄系在手上的绳索，尺寸和位置应合理。

5. 羽毛球竞赛的人员

羽毛球竞赛中人员主要是指运动员和裁判员。

运动员

这里的运动员系指所有参加竞赛的人。双打竞赛以 2 名运动员为一方，单打竞赛以 1 名运动员为一方。有发球权的一方叫发球方，对方叫接发球方。

裁判员

竞赛中，羽毛球裁判员的规则如下。

（1）全面负责

裁判长对竞赛全面负责。

（2）主持竞赛

临场裁判员主持一场竞赛并管理该场地及其周围。裁判员向裁判长负责；未设裁判长时，向竞赛负责人负责。

（3）宣判违例

发球裁判员负责宣判发球违例。

（4）执行规则

裁判员应维护和执行《羽毛球竞赛规则》，及时地宣判违例或重发球等。

（5）作出裁决

裁判员对申诉应在下一次发球前作出裁决。

（6）了解赛程

裁判员应使运动员和观众能了解竞赛的进程。

（7）撤换人员

裁判员可与裁判长磋商，安排、撤换司线员或发球裁判员。

（8）推翻裁决

裁判员不能推翻司线员和发球裁判员对事实的裁决。

（9）执行职责

在缺少临场裁判人员时，裁判员应就无人执行的职责作出安排；临场裁判人员不能作出判断时，由裁判员执行他的职责或重发球。

（10）有权暂停

裁判员有权暂停竞赛。

（11）处罚报告

裁判员应记录与处罚有关的情况并向裁判长报告。

（12）申诉提交

裁判员应将所有仅与规则问题有关的申诉提交裁判长。

6. 羽毛球的相关术语

站位

运动员站在羽毛球场上的位置称为站位。

（1）受限制的站位

受限制的站位，如发球、接发球时运动员的站位，就必须按要求站在规定的区域内。

（2）不受限制站位

不受限制的站位，可根据自己或同伴（双打）的需要而选择的站位。例如，单打的站位一般在离前发球线 1 米左右的中线附近，双打站位可根据双打两个运动员的具体战术需要而选择前后或左右的站位。

根据以上对羽毛球场地的划分，又可把不受限制的站位具体分为：左半区站位、右半区站位、前场站位、中场站位、后场站位。

击球

击球是指运动员挥拍击球时，拍与球接触的一刹那。

（1）根据半场划分

运动员站在左半区迎击对方来球叫作左半区击球，在右半区的击球叫作右半区击球，站在前场、中场、后场的击球，则分别叫作前场击球、中场击球、后场击球。

（2）根据高度划分

根据来球高度的不同，我们又可分为上手击球和下手击球。

持拍手与非持拍手

（1）概念

持拍手是指正握着球拍的手；非持拍手是指没有握拍的手。

（2）正反手击球

在羽毛球运动中，我们经常听说正手技术、反手技术、正手击球、反手击球等术语。所谓正手技术是指握拍手同侧的技术；反手技术是指握拍手异侧的技术。例如：右手握拍的运动员，在击右侧球时所用的技术就称为正手技术，并由此派生出正手发球技术、正手击球技术等技术名称。

（3）非持拍手功能

在羽毛球运动中，非持拍手的功能主要是在发球时用来持球、抛球；在击球过程中用来平衡身体，以便更有效地击球。

基本线路

（1）概念

所谓击球线路是指球被运动员击出后在空中运行的轨迹和场地之间的关系。

（2）线路

羽毛球运动员击球线路之多是无法胜数的，基本线路可分为5条，即：左方直线、中路直线、右方直线、右方斜线（右方对角线）、左方斜线（左方对角线）。而根据击球运动员站的位置（左、中、右），每个位置又可分别击出直线、中路、斜线，因此又可派生出9条线路来。

拍形角度与拍面方向

（1）概念

拍形角度是指球拍面与地面所成的角度，拍面方向是指球拍的拍面所朝向的位置。

（2）拍形角度的种类

拍形角度可分为7种：拍面向下、拍面稍前倾、拍面前倾、拍面垂直、拍面后仰、拍面稍后仰、拍面向上。

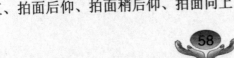

（3）拍面方向的种类

拍面方向可分为三种：拍面朝左、拍面朝右、拍面朝前。

著名赛事

羽毛球除在奥运会、亚运会等大型运动会上的竞赛外，羽毛球领域内还有一些专业的赛事，其中影响较大的当属由国际羽联主办的世界重大羽毛球赛。

（1）汤姆斯杯

即世界男子团体羽毛球锦标赛，*1948* 年举行首届竞赛，现为两年一届，在偶数年举行。竞赛由 *3* 场单打、*2* 场双打组成。历史上夺得汤姆斯杯冠军最多的国家是印度尼西亚。

（2）尤伯杯

即世界女子团体羽毛球锦标赛，*1956* 年举行首届竞赛，两年一届，在偶数年举行。竞赛由 *3* 场单打，*2* 场双打组成。历史上夺得尤伯杯冠军最多的国家是中国。

（3）世界锦标赛

即世界羽毛球单项锦标赛。设有男、女单打、双打和混合双打 *5* 个竞赛项目。*1977* 年起为 *3* 年一届，*1983* 年改为两年一届，在奇数年进行。*2005* 年改为每年一届，但奥运年不举办。

（4）苏迪曼杯

即世界羽毛球混合团体竞赛。*1989* 年开始举办，两年一届，在奇数年举行，竞赛由 *5* 个单项组成。

（5）世界杯赛

属于邀请性竞赛，由国际羽联邀请当年成绩优异的选手参加。创办于 *1981* 年，*1997* 年国际羽联决定从 *1998* 年起改为主办由世界顶尖级选手参加的明星赛，并准备尝试奖金丰厚的羽毛球大满贯赛事。

（6）全英羽毛球锦标赛

由英格兰羽毛球协会于 *1899* 年创办，是世界历史上最悠久的羽毛球赛事。最初由英国和英联邦国家选手参加，现在已成为全球性的羽坛大会战。

（7）奥运会竞赛

羽毛球 *1992* 年成为奥运会正式竞赛项目，只设 *4* 个单项竞赛，无混双竞赛。*1996* 年亚特兰大奥运会起增设混双项目。

（8）国际系列大奖赛

这是国际羽联参照世界网球大奖赛办法组织的，始于 *1983* 年。由在全年不同时间和在不同国家举办的 *6* 个级别的系列赛组成，主要包括超级赛和大奖赛。在 *12* 站超级赛中获得积分最高的前 *8* 名／对选手参加年终举办的超级系列赛总决赛，但在任一单项竞赛中每个下属协会最多每队 *2* 名选手报名参加。

7. 羽毛球的握拍方法

羽毛球拍握法正确与否，对于掌握和提高羽毛球技术水平有着重要的影响。

方法

羽毛球技术中的握拍和指法是多种多样的，常用的握拍方法有正反手两种。

（1）正手握拍技术

一切在身体右侧的正手正拍面击球及头顶后场击球都是正手握拍法，正手握拍技术动作要领是：

①垂直　先用左手握住球拍的中杠，使拍框与地面垂直；

②握住　张开右手，使虎口对准拍柄斜棱上的第二条棱线，此时眼睛从左至右可同时看见 *4* 条棱线，然后用近似握手的方法握住拍柄，拇指和食指贴在拍柄两侧的宽面上，其余的三指自然握住拍柄；

③位置　拍柄与掌心不要握紧，应留有空隙。握拍的位置可视各人的情况而定，一般情况下，以球拍柄端靠近手掌的小鱼际为宜；

④力度　握拍力度适宜，恰似握着一个鸡蛋，重则破损，轻则滑落。

（2）反手握拍技术

一切在身体左侧的反手反拍面击球都用反手握拍法，反手握拍技术的动作要领是：

①外旋　在正手握拍的基础上，将球拍柄稍向外旋，拇指顶贴在拍柄第一斜棱旁的宽面上，也可将大拇指放在第一、二斜棱之间的

小窄面上，食指稍向下靠；

②紧握　击球时，靠食指以后的三指紧握拍柄，同时拇指前顶发力击球；

③空隙　为了便于发力，掌心与拍柄间要留有充分的空隙。

技巧

在准备击球时，调整好握拍，但不要握太紧，发力击球的一刹那，中指、无名指和小指握紧球拍，拇指和食指控制好球拍的方向。不击球时，握拍要放松，球拍和掌心要留有空隙。具体在不同的场合，有不同的技巧。

（1）正手网前搓球的握拍

在正手握拍的基础上，拇指、食指、中指和无名指稍松开，使拍柄离开掌心，拇指斜贴在拍柄内侧的上小棱边上，食指稍前伸，使第二指带斜贴在拍柄外侧的宽面上。

（2）反手网前搓球的握拍

在正手握拍的基础上，拇指、食指、中指和无名指稍松开，拍柄离开掌心同时使球拍稍向内转，拇指贴在拍柄内侧的上小棱边上，食指第三关节贴在拍柄外侧的下小棱边上。

（3）正手接杀球勾对角网前球的握拍

在正手握拍的基础上，拍柄稍向外转，拇指斜贴在拍柄内侧的宽面上，食指第二指关节和其他三指的指根贴在拍柄外侧的宽面上，拍柄不贴掌心。

（4）反手接杀球勾对角网前球的握拍

在正手握拍的基础上，拇指、食指、中指和无名指稍松开，拍柄离开掌心，同时将拍柄向内转动，拇指第二指关节的内侧贴在拍柄内侧的上小棱边上，食指第二指关节贴在拍柄的下中宽面上，其余三指自然抓在下中宽面和拍柄内侧的宽面上。

8. 羽毛球的发球技术

发球采用变化多端的发球战术，常常能起到先发制人取得主动的作用。只有发球发得好，给对手造成困难，使对手回球质量不高，才能给自己赢分的时机。

正手发球

用正手发球，不论是发何种弧线的球，其发球前的姿势都应该一致，这样就会给对方的接发球造成判断上的困难。下面分别介绍用正手发球动作发出 4 种不同弧线的球的技术动作。

（1）高远球

①特点　球的运行轨迹又高又远、下落时与地面垂直、落点在对方场区底线附近的球叫高远球。单打竞赛时，常采用这种发球迫使对方退到最远的底线去接发球。如果发出的高远球质量好，就可在一定程度上限制对方一些进攻技术的发挥，使对方在接高远球时不容易马上组织进攻。

②动作　发球时，左手把球举在身体的右前方并自然放下，使球下落，右手同时持拍由大臂带动小臂，从右后方沿着身体向前并向左上方挥动。当球落到右手臂向前下方伸直能触到球的一刹那，握紧球拍，并利用手腕的力量向前上方发力击球。击球之后，球拍顺势向左上方挥动缓冲。

（2）平高球

①特点　这是一种比高远球低、速度较高远球快、具有一定攻击性的球。

②动作　发球前准备姿势同发高远球。发球的动作过程大致同发高远球，只是在击球的一刹那，小臂加速带动手腕向前上方挥动，拍面要向前上方倾斜，以向前用力为主。发平高球时要注意发出球的弧线以对方接球时伸拍打不着球的高度为宜，并应发到对方场区底线。

（3）平快球

①特点　这种球比平高球的弧线还要低、速度还要快。在对方是反应较慢、站位较前、动作幅度较大的对手或是初学者时，效果往往很好。

②动作　发球动作要领准备姿势也同发高远球。站位比发平高

球稍后些，以防对方很快回到本方后场，充分利用前臂带动手腕爆发力向前方用力，球直接从对方的肩稍上高度越过，直攻对方后场。发平快球关键是出手的动作要小而快，但前期动作应和发高远球一致。发平快球时还应注意不要过手、过腰犯规。

（4）网前球

①特点　发网前球是在双打中主要采用的发球技术。单打竞赛时，如发高球，怕遭到对方球速较快的直接攻击时，或为了主动改变发球方式借以调动对方时采用。

②动作　准备姿势同发高远球。击球时，握拍要放松，大臂动作要小，主要靠小臂带动手腕向前切送，用力要轻。发网前球时应注意手腕不能有上挑动作。另外，落点要在前发球线附近，发出的球要贴网而过，这可免遭对方扑杀。

反手发球

反手发球技术是在身体的左前方用反拍面击球的一种发球方式。击球时，小臂带动手腕朝前横切推送。发网前球时，用力要轻，主要靠切送；发平快球时，发力要突然，击球时拍面要有反压动作。

（1）发球特点

同正手发球技术一样，用反手同样能发出各种不同弧度的球；与正手发球所不同的是，反手发球时动作的力臂距离相对要小，发球时对球的控制力更强，加之反手发球动作更具一致性、隐蔽性和突然性，因此在竞赛中，尤其是在双打竞赛中被广泛采用。

（2）发球种类

在实战中，发球方根据双打战术的特点和需要，常以发反手后场平高球、后场平射球和网前小球为主。

①反手发后场平高球　用反手握拍，以反拍面击出同正手发后场平高球飞行弧度一样的球，称为反手发后场平高球；

②反手发后场平射球　用反手握拍，以反拍面发出与正手发后场平射球同样飞行弧度的球，称为反手发后场平射球；

③反手发网前小球　用反手握拍，以反拍面击出与正手发网前小球飞行弧度一样的球，称为反手发网前小球。

注意问题

要保证发出高质量的球，需要注意以下几点。

（1）站位

发球的站位不同，对发球的飞行路线、弧线、落点和第三拍的击球都有关系。

①紧靠前发球线和中线　这种站位始于反手发网前内角，球过网后球托向下，不易被对方扑击。由于站位靠前，也便于第三拍封网。但站位靠前不利于发平快球，一般是发往前内角位球配合发双打后发球线的外交位平高球。

②离前发球线半米靠中线　这种站位发球的选择面较广，正、反手都可发网前球、平快球、平高球，并且各种路线都可以发。缺点是球的飞行时间长，对方有较多时间判断处理，发球后如果抢网较慢也容易失去网前主动权。

③离中线较远处　这种站位主要用于在右场区以正手和左场区以反手发平快球攻对方双打后发球线的内角位，配合发网前外角。值得一提的是，这种发球只能作为一种变换手段。因为这种发球只对反应慢、攻击力差的对手有一定威胁，当对方有了准备时作用就不大了，而且还会使自己陷入被动。

（2）时间

接发球方在准备接发球时，思想虽然高度集中，但因受到发球方的牵制，他要等球发出后才能判断、启动、还击。所以，发球动作的快、慢也应在规则允许的范围内有所变化，不要给接球方掌握规律的机会。

（3）心理

在双打竞赛中，有时会出现发球失常的情况。其原因，一个是发球技术不过硬；另一个原因则是受接发球者的影响。由于接球者站位逼前，扑、杀凶狠且命中率较高，加之比分正处于关键时刻，心情紧张，造成手软从而影响了发球质量。

9. 羽毛球的接球技术

羽球竞赛中，接球失败，则由发球者得分，所以必须全力以赴接球。接球时要迅速移至适当位置，以便采取攻势。

站位

不论是单打还是双打，都应选择一个合理的接球站位。

（1）单打站位

一般情况下，单打的接球站位离前发球线约 *1.5* 米处；在右发球区应站在靠中线的位置，在左发球区则站在中间稍偏边线的位置，主要防备对方发球攻击反手部位。

（2）双打站位

双打接球时站位可靠近前发球线，因双打的后发球线距前发球线比单打短 *0.76* 米，发高远球易被扣杀。所以，双打接球主要精力应在对付发网前球上。

准备姿势

（1）单打的准备姿势

单打接球应左脚在前，后脚在后，侧身对网，重心在前脚，后脚脚跟稍提起，收腹含胸，持拍于右身前，两眼注视对方。

（2）双打的准备姿势

双打接球准备姿势基本同单打，但重心可随意放在任何移至一只脚上，球拍高举在肩上，注意力要高度集中。

接球方法

根据不同情况，羽毛球的接球方式非常多，常见的有以下几种。

（1）接高网球

接高网球是指步法到位并无法点扑来球。接球时，正手位手臂翻拍向上、向前，小臂微曲，肘下沉，手腕向上拱起，待拍子触球时迅速向反方向轻"抹"，这时重心较高并靠后，所以回位很快。

（2）接低网球

接低网球是指接球者的步法没有抢到高点。正手位手臂翻拍向上、向前，小臂微曲，肘下沉，手腕向上拱起，待拍子触球时迅速向反方向轻"勾抹"，这时重心较低并靠前，所以回位较慢。

（3）接近地球

接近地球是指接球者的步法竭尽全力才抢到最低点。正手位手臂翻拍向上、向前、向最低击球点，手臂尽量伸直，身体重心放到最低点，步子尽量向前跨出，手腕向上拱起，待拍子触球时迅速向反方向轻"勾带"，这时重心很低并靠前，所以回位最慢，所以此时勾对角球对自己的危险最大。

10. 羽毛球的击球技术

羽毛球竞赛时，运动员的每一次击球动作，都是从站位准备开始，在判断对方来球的路线、落点后反应起动，移动到击球位置击球，然后做下一次的击球准备。所以，击球是运动中非常普遍的一种运动方式。按照不同的位置，击球可以分为前场、中场等几种。

前场击球

前场技术包括网前的放、搓、推、勾、扑、挑球等。网前进攻威胁较大，因球飞行距离短、落地快，常使对手措手不及而直接得分。即使不能直接得分，也能迫使对方被动回球，创造下一拍进攻的机会。若网前进攻和中后场进攻能紧密地配合起来，则能发挥前后场的连续进攻，掌握主动权。

（1）挑球

挑球分为正手网前挑球和反手网前挑球。

①正手网前挑球　击球前前臂充奋外旋，手腕尽量后伸。击球时，从右下向右前方至左上方挥拍击球。在此基础上，若球拍向右前上方挥动，挑出的是直线高球；若球拍向左前方挥动，挑出的则是对角高球。

②反手网前挑球　击球前右臂往后拉抬肘引拍。击球时前臂充分内旋，手腕由曲至后伸闪动挥拍击球。若球拍由左下向左前上方挥动，则球向直线方向飞行；若球拍由左下向右前上方挥动，则球向对

角线方向飞行。前场技术易出现的问题：手腕与手指运用不当，不是用力过猛，就是扣面控制不好，使击出的球离网太高、太远或落网；站位离网过近，妨碍了击球动作；击球前肘部过直。

（2）放球

放球分为正手放网前球和反手放网前球。

①正手放网前球　准备姿势是侧对球网，右腿跨成弓箭步，重心放在右脚，正手握拍，做好放网前球准备，球拍随着前臂向右前上方斜举，当球拍举至最高点时，前臂开始外旋转动，手腕稍后伸，左臂自然后伸，起平衡作用，这就是网前进攻技术击球前期动作的一致性。

击球时，前臂稍外旋，手腕由后伸至稍内收闪动，握拍手的食指和拇指夹住球拍，中指、无名指、小指轻握拍柄，使球拍在手腕和手指的挥摆用力下，轻击球托把球轻送过网。挥拍的力量、速度和拍面角度的大小，主要取决于来球离网的远近和速度的快慢，来球离网远，速度快些，则放球时的力量要大些，反之则力量小些。放球后，身体还原至准备姿势。

②反手放网前球　同正手放网前球动作，只是方向相反，反手握拍，反面迎球，击球时，主要靠前臂的前伸、外旋和手腕由内收至外展的合力，轻击球托底部把球轻送过网。击球后，整个动作还原成下次击球的准备姿势。

（3）搓球

搓球包括正手网前搓球、反手网前搓球。

①正手网前搓球　击球前，前臂稍外旋，手腕由后伸至稍内收闪动，击球时在正手放网前球动作的基础上，加快挥拍速度，搓切来球的右下底部，使球旋转翻滚过网。首先应争取较高的击球点，搓球时出手要快。其次要根据球离网的远近，运用手指灵活控制好击球的角度和力量。击球点离网较远时，后仰的角度应该小一些。

②反手网前搓球　准备姿势同前，击球前主要靠前臂的前伸外旋和手腕由内收至外展的合力，搓击球的右侧后底部，使球侧旋滚动过网。另外还可以前臂稍伸直，手腕由外展到内收，带动球拍向前切送，击球托的后底部，使球下旋滚动过网。

（4）推球

推球分为推对角线球、反手推直线球、反手推对角线等。

①正手推对角线球　站在网前，当球飞过来时，球拍向右侧前上举。在肘关节微曲回收时，小臂稍外旋，手腕稍后伸，球拍也随着往右稍下后摆，拍面正对来球。小指和无名指稍松开，使拍柄稍离开手掌鱼际肌。拇指和食指稍向外捻动拍柄，拍面更为后仰。

②正手推对角线球　推对角线技术的准备姿势和击球前动作与推直线相同，但是击球时击球点在右肩前，要推击球托的右侧后部，使球沿对角线方向飞去。这时，手腕控制拍面角度，闪腕时手臂不要完全伸直。

推对角线技术的准备姿势和击球前动作与推直线相同，但是击球时击球点在右肩前，要推击球托的右侧后部，使球沿对角线方向飞去。这时，手腕控制拍面角度，闪腕时手臂不要完全伸直。

③反手推直线球　在网前较高的击球点上，以反手握拍法，用推击的方法向对方底线击出弧度较平、速度较快的球。其击球动作是：用反手握拍法，前臂伸时稍外旋，手腕由外展至伸直闪腕，中指、无名指和小指突然握紧拍柄，拇指顶压球拍，往前挥拍，推击球托的左侧面。

④反手推对角线　反手推对角线的击球动作基本与推直线相同，区别点是在击球一刹那要急速向右前方挥拍，推击球的左侧后部，使球沿对角线方向飞行。

（5）网前勾球

网前勾球包括正手网前勾对角线球和反手网前勾对角线球等。

①正手网前勾对角线球　勾球一般采用并步加蹬跨步上网的步法。在步法移动的同时，球拍随着前臂往右前上方举起。前臂前伸的同时，稍有外旋，手腕微后伸，这时的握拍稍有变化——将拍柄稍向外捻动，使拇指贴在拍柄的宽面上，食指的第二指节贴在与其相对的另一个宽面上，拍柄不触及掌心。击球时，靠前臂稍有内旋往左拉收，手腕由稍后伸至内收.球拍拨击球托的右侧下部，由手腕和手指控制拍面角度，击球后，球拍回收至胸前。

②反手网前勾对角线球　随着步法移动的同时，手臂向左侧前方平举，手臂不要伸直，稍弯即可。击球时，随着肘部下沉，前臂回收外旋的同时，食指和拇指协调用力挥动拍柄，使拍面拨击球托的左侧后部，使球沿对角线飞越过网，击球后，球拍回收至胸前，为下次的来球作积极的准备。

（6）扑球

扑球是当来球在网顶上方时，能以最快的速度上网扑压来球的技术动作。扑球在网前进攻技术中是威胁较大的一种技术。

①特点

扑球的关键在于"快"。首先取决于判断快，一经作出判断，即要求起动快并采用蹬跨步或跳步上网，同时出手快，抓住来球在网顶的最高点机会出手，以迅雷不及掩耳之势，一举解决战斗。

②种类

网前扑球　身体腾空跃起或右脚蹬跨的同时，前臂往前上方举起，球拍正对来球方向。击球时随着手臂由屈至伸，手腕由后伸至向前闪动及手指的顶压，将球扑下。其中，手腕是控制力量的关键，挥拍距离短，动作小，爆发力强，扑击的球才会具有一定威胁。如果球离网顶较近，就采用"滑动式"扑球方式，用手腕从右向左将球摸压下去，这样可以避免球拍触网犯规。

反手网前扑球　反手握拍，持于左侧前。当身体跃起或照跨上网时，球拍随前臂前伸而举起，手腕微曲，拇指顶压在拍柄面上，其他四指自然并拢，拍面正对来球。击球时，手臂由曲至伸，手腕由微战至后伸并用力闪动，拇指顶压，加速挥拍扑击。

中场击球

中场击球技术主要是对付对方击来的弧线平于或稍低于网，且落点在中场附近的低平球时所采取的回击技术。

（1）网前球

挡直线网前球技术多用于接对方杀球。击球时，前臂内旋稍翻腕带动球拍由右下向前上方推送击球，把球挡向直线网前；也可以在击球时前臂由外旋到内收，带动球拍由右向前切送挡直线网前。击球后，身体左转成正面对网，然后右脚上前一步，球拍随身体向左转收至体前。

（2）挑高球

挑高球可以分为正手和反手两种。

①正手挑直线高球　当对方杀向右边线球时，右脚向右侧跨一大步到位。随步法移动往右侧引拍，右臂稍向右后摆的同时稍带有外旋，手臂后伸到最大限度，使球拍迅速后摆，紧跟着右前臂急速向摆动时略有外旋，手腕从后伸直闪腕，这时，肘起着支点作用，拍面对准来球，击球托的中下部，使球向直线方向飞行。

②反手挑直线高球　击球时，前臂急速往右前方挥摆，手腕由外展至后伸闪动，握紧球拍，加上拇指的顶力，全速挥拍击球，使球向直线方向飞行，若向对角线方向挥拍，则球向对角线方向飞行。

（3）抽球

抽球技术分为正手和反手两种。

①正手平抽球　两脚平行站立稍宽于肩，右脚稍向右侧迈出一小步，同时上体稍往右侧倾，右臂向右侧上摆，球拍随着上举，肘关节保持一定角度，击球前肘关节前摆，前臂稍往后带外旋，手腕稍外展至后伸，引拍至体后。击球时前臂内旋，手腕伸直闪动，手指抓紧拍柄，球拍由右后往右前方高速平扫来球。

②反手平抽球　右脚前交叉在左侧前，重心在左脚上，右手反手握拍在左侧前。击球前肘部稍上抬，前臂内旋，手腕外展，引拍至左侧。击球时，在髋的右转带动下，前臂外旋。

后场击球

后场击球也称后场上手击球，即在尽可能高的击球点上，还击对方向底线附近击来的高球。它具有主动性强、击球力量大等特点，可给对方造成较大的威胁，是初学者首先必须学好的技术。

（1）高远球

以较高的弧线将来球击到对方场区底线附近叫击高远球。高远球的特点是球的弧线高、滞空时间长，它的作用是逼迫对方远离中心位置退到底线去接球，一方面可减弱对方进攻的威力，为我方进攻寻找机会，另一方面在己方被动的情况下，有较多的时间来调整站位，摆脱被动局面。

①正手击高远球　这是羽毛球上手击高远球技术中的基础。击球前的准备动作要领：首先判断来球的方向和落点，侧身后退使球在自己右肩稍前上方的位置，两眼注视来球。击球时，由准备动作开始，大臂后引，随之关节上提明显高于肩部，将球拍后引至头后，自然伸腕，拳心朝上，然后在后脚蹬地、转体和腰腹的协调用力下，以肩为轴，大臂带动小臂快速向前上方甩动手腕，在手臂伸直的最高点击球。

②反手击高远球　首先判断准对方来球的方向和落点，迅速将身体转向左后方，步法到位后，右脚前交叉跨到左侧底线，背对网，身体重心在右脚上，使球在身体的右肩上方。击球前，由正手握拍迅速换为反手握拍，并持拍于胸前，拍面朝上。击球时，以大臂带动小臂，通过手腕的闪动、自上而下的甩臂将球击出。在最后用力时，要注意拇指的侧压力与甩腕的配合，同时还要利用两腿的蹬地、转体等协调全身用力。

③头顶击高远球　击球前的准备姿势及击球动作同正手击高远球基本一致。不同的是头顶击高远球的击球点在左肩上方。准备击球时，侧身稍左后仰。击球时，大臂带动小臂使球绕过头顶，从左上方向前加速挥动，在用力击球时，注意发挥手腕的爆发力和充分利用蹬地及收腹的力量。

（2）平高球

①特点　平高球的弧线较高远球低、速度较高远球快，这是一种在较主动情况下运用的击球技术。

②动作　同击高远球一样，只是在击球的一刹那，用力主要是向前方，使击出的球的弧线较低。同击高远球一样，平高球也可以用正手、反手或头顶击球技术来完成。其动作要领与正手、反手或头顶高远球一样，所不同处是最后用力主要向前方，而不是向前上方。

（3）吊球

把对方击来的后场高球还击到对方的网前区的击球法谓之吊球。它的作用是调动对方站位，以利步法组织进攻。在后场若将吊球与高球或杀球结合起来运用，就能给对方以很大的威胁。吊球根据其动作方法、出手的位置和球落向的位置又可分为以下几种。

①正手吊球　正手吊球又可以分为劈吊、轻吊。

劈吊　又叫快吊，击球前期动作同正手击高远球。击球时，拍面正面向内倾斜，手腕做快速切削下压动作。若劈吊斜线球，则球拍切削球托的右侧，并向左下方发力；若劈吊直线，则拍面正对前方，向前下方切削。

轻吊　又叫拦截吊，击球前期动作同正手击高远球。击球时，一种轻吊时的拍面变化同劈吊基本一致，但用力要更轻些；另一种是击球时，拍面正击球托或借助来球的反弹力用球拍轻挡，使球过网后贴网而下。后者多用于拦截对方击来的平高球和半场高球。

②反手吊球　反手吊球其击球前的动作同反手击高远球，不同处也在于触球时拍面的掌握和力量运用。吊直线球时，用球拍反面切削球托的后中部，向对方右网前发力；吊斜线球时，用球拍反面切削球托的左侧，朝对方左网前发力。

③头顶吊球　头顶吊球也可作劈吊和轻吊。其击球前的动作同头顶击高远球一样。不同的是球拍触球时拍面变化和力量的运用。

吊直线球的动作同正手吊直线球基本一致，只是击球点不同；吊斜线球时，球拍正面向外转，切削球托的左侧，朝右前下方发力。

（4）扣杀球

把对方击来的高球全力向下扣压叫扣杀球。扣杀球的特点是力量大、速度快。它是主动进攻的重要技术。扣杀球分正手扣杀球、反手扣杀球和头顶扣杀球等。

①正手扣杀球　其击球前的准备姿势和击球动作与正手击高远球基本一样。不同的是最后用力的方向朝下，而且要充分利用蹬地、转体、收腹及手臂和手腕的爆发力全力地将球向下击出，击球的一刹那要紧握球拍。

②头顶扣杀球　头顶扣杀直线球的准备姿势同头顶击高球类似，不同之处在挥拍击球时，要靠腰腹带动大臂，协调小臂、手腕的综合力量形成鞭击动作，全力往下方击球，拍面与水平面的夹角小于

90度。头顶扣杀对角线的动作方法基本同上，只是击球时要全力向对角线方向击球才行。

③反手扣杀球　反手扣杀球的准备动作与反手击高球相同，不同之处是击球前的挥拍用力要大，跳起后身体反弓加上手臂、手腕的延伸、外展的大用力，可向对方的直线或对角线的下方用力，击球瞬间球拍与扣杀球方向的水平夹角应小于90度。

④腾空突击扣杀　除上述3种扣杀技术外，还有一种扣杀是竞赛中经常会用到的，它就是腾空突击扣杀技术。当对手击出弧度较低的平高球时，身体腾空，上体后仰成反弓形，肩尽量后拉，击球时，小臂快速举起，手腕从后伸到旋内、小臂跟着屈收压腕鞭打，高速向前下击球。

影响因素

好的击球技术是取胜的关键。高质量的击球要符合"快、狠、准、活"的原则，而达到快、狠、准、活就必须弄清影响击球质量的几个主要因素。

（1）击球力量

击球的力量决定着击球的速度，击球力量越大，球的速度越快。只有击球的力量大才能使对方没有充分准备的时间而处于被动地位。

（2）回球速度

判断快、移动快、击球快是羽毛球运动的特点之一，但具体着眼点就是回球速度要快。不仅要提高回球的绝对速度，还要提高回球的相对速度，这样才能给对手以强有力的攻击，使其防不胜防，处于被动。

（3）球的落点

球的落点不仅要具有准确性，而且要具有攻击性。落点这一因素直接影响球的狠、准、活三个方面。落点在另一个意义上讲可谓狠，落点到位可谓准，落点变化无穷可谓活。

（4）球的弧线

弧线曲度的大小，打出距离的长短，都与球的速度有关，我们想加快速度、加强准确性和变化性，就必须解决击球弧线的问题。

（5）动作一致

击球技术由动作构成，技术的不同，其动作的具体方法也各有所异，但有些技术动作方法之间有很多相似的地方。在击球中，使这些动作方法尽量相似的做法，就叫作击球动作的一致性。动作的一致性不仅增加了对方准确判断的困难，而且还可能给对方造成错觉，形成错误的判断，增加回球的困难，造成回球质量不高。网前的搓、推、勾三项技术，在引拍、挥拍阶段两个动作基本一致，在球拍触球的一刹那突然改变手腕、手指、挥臂的用力及拍形角度、拍面方向，从而击出不同的球。

11. 羽毛球的基本步法

羽毛球步法是指在场地上，进行快速、合理并又有一定规律的上网、后退和两侧移动的方法，它是羽毛球技术的重要组成部分。根据击球的需要，步法大致分为上网步法、后退步法等。

上网步法

从中心位置移动到网前击球的步法，称为上网步法。上网步法可根据各人习惯采用跨步上网、垫步上网、蹬跳上网等。

（1）跨步上网

判断准对方来球后，左脚掌内侧用力蹬地并侧身向来球方向迈出，接着右脚也向前迈一大步，以脚掌外侧和脚跟先落地，再过渡到前脚掌，右膝关节弯曲并成弓箭步。紧接着左脚自然地向前脚着地方向靠上小半步。击球后，右脚蹬地用小步、交叉步或并步回到中心位置。

（2）垫步上网

判断准对方来球后，右脚先迈出一小步，左脚立即向右脚垫一小步掌，左脚着地后，脚内侧用力蹬地，右脚再向网前跨一大步成弓箭状，身体重心在前脚。击球后，前脚朝后蹬地，小步、交叉步或并步退回到中心位置。

垫步或交叉步上网的优点在于步子调整能力强，在被动情况下，能利用蹬力强、速度快的特点迅速调整脚步，去迎击来球，垫步或交叉步上网的注意事项同跨步上网一样。

（3）蹬跳上网

蹬跳上网是在预先判断来球的基础上，利用脚的蹬地，迅速扑向球网，以争取在球刚越过网时立即进行还击。单打或双打中常用此步法上网扑球。其步法是站位稍靠前，对方一有打网前球的意图，右脚稍向前刚一点地便起蹬侧身扑向网前。

移动步法

从中心向左右两侧移动到击球点上击球的步法，称为两侧移动步法。它一般用于中场接乐球、起跳突击。

（1）向右侧移动步法

离中心较近时用蹬跨一大步到位击球，如离中心较远，则垫一小步后右脚再跨一大步。

（2）向左侧移动步法

与向右侧移动步法相同，方向相反。

后退步法

后退步法有右后场区后退步法和左后场区后退步法。右后场区后退步法主要是正手的后退步法；左后场区后退步法包括头顶后退法和反手后退步法。

（1）正手后退步法

正手后退步法有并步和交叉步两种。实战中可根据场上情况和个人特点灵活使用。判断准来球后，先调整重心至右脚，然后右脚蹬地迅速向右后撤一小步，同时上体右转，左肩对网，接着，左脚用并步靠近右脚，或从右脚交叉后撤一步，右脚再向后移至来球位置。在移动的同时，必须完成挥拍击球前预备动作，待球在右肩上方下落时，做正手原地或起跳击球。

（2）反手后退步法

反手后退时，应根据离球距离的远近来调整移动步子。如离球较近，可采用两步后退步法。一种是左脚先向左后方撤一步，接着上体左转，右脚向左后方跨一步，背对网。另一种是右脚先向左脚并一步，然后，左脚向左后方跨一步，同时上体左转，右肩对网做反手击球。

如离球较远，则要采取三步或五步后退步法。三步后退时，右脚先向左脚并一步，左脚再向左后方撤一步，同时上体左转，右脚再向左后方跨一步至来球位置，背对球网，做反手击球。如三步移动还未到来球位置，则左脚右脚再向后移动一步即成五步移动步法。

（3）头顶后退步法

判断准来球后，右脚蹬地撤向左后方，同时，髋关节及上体向右后方转动，转动的幅度比正手后退要大些，并且稍有后仰。接着，左脚用并步或交叉步后撤，右脚再退至来球位置用头顶击球技术击球。

连贯步法

连贯移动是指两个或两个以上击球动作之间的移动是连贯的。原因一般有两种，一是战术目的明确或预测判断有十分把握的情况下步法移动迅速；另一种是双方互相还击的球速都比较快，如接杀、抽、放、勾、推，这样一类技术，运动员跑起来步法之间衔接很快，也被认为是连贯的。其实无论什么情况，两个技术动作之间的步法必然会出现稍有停顿的现象。

起跳步法

为了争取时间高点击球，用单脚或双脚起跳，居高临下，凌空一击的方法叫起跳腾空击球，主要采用并步加蹬跳步，这种步法在两侧突击进攻时较多使用。

12. 羽毛球的基本打法

羽毛球的打法是指根据各个具体人的技术情况、身体素质、思想意志等条件而培养形成的各自不同的打法类型。羽毛球主要分为单打和双打，因此在打法上也主要分为单打、双打。

单打打法

在单打中主要运用的打法有压后场底线、快拉快吊等几种。

（1）压后场底线

①要求　压后场底线是一种以高球压对方后场底线，迫使对方后退，然后寻找机会以大力扣杀或吊网前空挡争取得分的打法。

②动作　运用这种打法对付后退步子较慢或基本技术掌握较差的对手是十分有效的。应当注意的是压后场时，不论是高远球还是平

高球，都要压得狠、压得低，如果压后场软绵无力且达不到底线，则易遭受对方的攻击，致使这种打法失效。

（2）快拉快吊

①要求　快拉快吊是一种积极主动、快速进攻的打法。它要求运动员有较全面的攻守技术，且手法准确熟练、步子快速灵活；

②动作　以平高球快压对方后场两底角，配合快吊网前两角，吸引对方上网。以网前搓球、勾对角球结合推后场底线，迫使对方疲于奔命、被动回球，从而为本方创造中后场大力扣杀或网上扑杀机会。

（3）打四方球

①要求　打四方球要求运动员本身有较强的控制球能力和快速、灵活的步子及较强的进攻能力；

②动作　打四方球的动作是以高球或吊球准确地将球击到对方场区的4个场角，调动对方前后左右跑动，打乱其阵脚，在对方来不及回中心位置时或对于回球质量差的对手较为有效。

（4）守中反攻

守中反攻此打法较适合本身进攻能力不强，但防守技术较好、反应较快、身体灵活且身材较矮的选手。这种打法是利用拉、吊四方球及防守中的球路变化，调动对方，伺机反攻，扣杀、吊或平抽空挡。

（5）后场下压

①要求　后场下压是一种全攻型的打法，具有先发制人、快速凶狠等特点。它要求运动员体力好、连续大力扣杀的能力强、脚步移动快而积极。

②动作　本方在后场扣杀对方击来的高远球，结合吊球，迫使对方被动挡网前球，这时可趁机主动快速上网搓、推球，创造机会，再以重杀或劈杀解决战斗。

双打打法

双打竞赛时，最重要的是同伴之间的配合。场上的2名队员之间应时刻注意保持一定的间隔。这种特点在打法得到了一定的体现。

（1）前场打点

①要求　前场打点要求运动员有高超的网前技术；

②动作　通过网前搓、勾对角及推半场球或找空隙进攻，打乱对方站位，创造后场进攻机会。

（2）快攻压网

①要求　这种打法要求运动员要有较好的半场平抽打技术和较强的封网意识，力争在前场解决战斗；

②动作　从发球抢攻开始，以左、右分边站位，平抽平打快速杀球为主，压在前场进攻。

（3）抽压底线

①要求　抽压底线要求运动员具有较强的防守能力和较好的底线平抽球技术；

②动作　以快速的平高球或长抽球压住对方底线两角，即使在对方扣杀时也能以平抽反击或挑高球达到对方两底角来调动对手，伺机进攻。

（4）后攻前封

①要求　这种打法要求站在后场的运动员具有连续扣杀的能力，站在前场的运动员具有较强的封网意识和技术；

②动作　两运动员基本保持前后站位，后场逢高球就下压，当对方还球到前半场或网前时，即予以致命的扑杀。

打法选择

羽毛球的打法很多，运动员如何选择适合自己的打法需要参考以下要素。

（1）身体条件

一般来讲，身材的高矮、力量的大小、体力的好差等，都可影响到打法的选择。例如，身材不高，但体力好、身体较灵活者，可以守中反攻的打法为主；身材较高、力量较大的人可以攻击性较强的后场下压的打法为主；等等。

（2）技术情况

基本技术掌握较全面、攻守技术较佳者，可以快拉快吊打法为主；杀球技术掌握得很好，且杀球有力、落点控制较好，网前技术也不错者，则以后场下压、上网控制网前的打法为主；防守技术掌握得很好，且步子灵活、移动者快，则可以守中反攻的打法为主；控制球的能力较强，且有耐心者，则可选择打四方球；等等。

（3）性格气质

性格内向，气质类型又为黏液质者，宜选择打四方球，或守中反攻的打法；性格属外向型，且气质类型又为胆汁质者，较适合于选择全攻型的打法；性格属中间型，气质类型为多血质和黏液质混合型者，则以选择攻守俱全的快拉快吊的打法较好。

另外，还应针对不同的对手采用不同的打法，以扬己之长，克彼之短。

13. 羽毛球的基本战术

战术则是指根据对手的技术、打法、体力和思想意志等因素所采取的争取竞赛胜利的一种对策。打法与战术虽不能等同，但相互间有着密切的联系。打法和战术的基础是技术，而技术的不断发展，又能促进打法和战术的更新和提高。

战术目的

羽毛球战术的运用是为了达到一些目的，具体来说这些目的包括以下几点。

（1）调动对方位置

对方一般站在场地中心位置，全面照顾各个角落，以便回击各种来球。如果把他调离中心位置，他的场区就会出现空当，这空当就成了我们进攻的目标。

（2）消耗对方体力

控制球的落点，最大限度地利用整个场地，把球击到场地的四个角上或离对手最远的地方，使对手在每一次回球时大量消耗体力。在争夺1球的得失时，也应以多拍调动对手，让对手多跑动。多做无效的杀球，当对手体力不支时，再行进取。

（3）对方失去控制

利用重复球或假动作打乱对方的步法，使对方重心失去控制，从而来不及还击或延误击球时间使回球质量差。

（4）迫使对方击出

以平高球、劈杀、劈吊或网前搓球等技术造成对方还击的困难，迫使对方击来的高球不能到达自己场区的底线，这样来增加自己大力扣杀和网前扑杀的威力，给对方以致命的一击。

单打战术

（1）力攻后场

攻后场战术是通过击高球、重复压对方的底线两角，造成对方的被动，然后寻找机会进攻。用它来对付初学者，或后场还击能力较差、后退步子较慢及急于上网的对手是很有效的。

（2）发球抢攻

发球不受对方干扰，发球者可以根据规则，随心所欲地以任何方式将球发到对方接球区的任意一点。善于利用多变的发球术，能先发制人，取得主动。以发平快球和网前球配合，争取创造第三拍的主动进攻机会，组成了发球抢攻战术。

（3）吊杀上网

先在后场以轻杀配合吊球把球下压，落点要选择在场地两边，使对方被动回球。若对方还击网前球时，便迅速上网搓球或勾对角快速平推球；若对方在网前挑高球，可在其后退途中把球直接杀到他身上。

（4）先守后攻

这一战术可用来对付那种盲目进攻而体力又差的对手。竞赛开始，先以高球诱使对方进攻，在对方只顾进攻疏于防守时，即可突击进攻。或者在对方体力下降，速度减慢时再发动进攻。这是以逸待劳，后发制人的战术。

（5）直逼反手

一般说来，后场反手击球的进攻性不强，球路也较简单。对于后场反手较差的对手要毫不放松地加以攻击。先拉开对方位置，使对方反手区露出空当。然后把球打到反手区，迫使对方使用反拍击球。例如：先吊对方正手网前，对方挑高球，我便以平高球攻击对方反手区，在重复攻击对方反手区迫使其远离中心位置时，突然吊对角网前。

（6）点球突击

以快速的平高球、吊球准确地打到对方场区的 4 个角落，迫使对方前后左右奔跑，当对方来不及回中心位置或失去重心时，抓住空当和弱点进行突击。

双打战术

双打竞赛不仅仅是竞赛双方在技术、战术、体力上的较量，同时也是双打同伴相互配合程度的较量，这一特点在战术上的表现就是2人之间形成的配合。

（1）攻人战术

这是一种经常运用的行之有效的战术。当发现对方有一个人的防守能力或心理素质较差、失误率比较高或防守时球路单调，就可采用这种战术，把球进攻到这个较弱者的一边。这种战术可集中优势兵力以多打少，以优势打劣势，从而变为主动方或得分；有利于打乱对方防守站位，另一个不被攻的人，由于没有球可打，慢慢地站位会偏向同伴，形成站位上的空当，有利于我方突击另一线而成功；有利于造成对方思想上的矛盾而互相埋怨，影响其士气。

（2）后攻前封

当本方处于主动进攻前后站位时，站在后场的队员见高球就杀或吊网前球，迫使对方接球挡网前，这为本方前场队员创造了封网扑杀机会。前场队员要积极封锁网前，迫使对方被动挑高球。一旦对手挑高球达不到后场，就为本方创造了再进攻的机会。

（3）攻打中路

当对方分边站位防守时，将球攻击对方2人的中间；当对方前后站位时，可将球下压或平推两边半场。这样可使对方防守时互相争抢或互让而出现失误。

（4）攻打后场

对方扣杀能力差，本方可采用平高球、推平球、接杀挑底线，把对方一人紧逼在底线两角移动。当对方被动还击时，则抓住机会大力扣杀。当另一对手后退支援时，即可攻网前空当。

（5）防守反攻

防守时，对方攻直线球，我方挑对角平高球；对方攻对角球，我方挑直线平高球，以达到调动对方移动的目的。然后可采用挡或勾网前逼进对攻的战术，这在对付网前扑、推、左右转体不灵的对手，可以很快获得由守转攻的主动权。

14. 羽毛球的竞赛规则

羽毛球运动历史悠久，规则已经逐渐成熟，这些规则成为指导羽毛球健康发展的主要依据。

掷挑边器

竞赛前，双方应掷挑边器。赢的一方将可以有以下选择。

（1）发球

先发球或先接发球。

（2）场区

选择一个场区或另一个场区。而输方在余下的一项中作出选择。

计分

在羽毛球竞赛中，除非另有商定，否则 *1* 场竞赛以 *3* 局两胜定胜负。竞赛中得分和取胜情况如下。

（1）发球得分

只有发球方才能得分。

（2）胜局 *15* 分

双打和男子单打先得 *15* 分的一方胜 *1* 局。

（3）胜局 *11* 分

女子单打先得 *11* 分的一方胜 *1* 局。

（4）选择情况

选择再赛或不再赛的情况如下

①选择　男子 *13* 平或 *14* 平、女子单打 *9* 平或 *10* 平，男子先获得 *13* 分或 *14* 分、女子单打 *9* 分或 *10* 分的一方，可以选择再赛或不再赛。这一选择只能在规定分数第一次出现，下一次发球发出前作出；

②再赛　男子 *13* 平、女子单打 *9* 平时不选择再赛，在男子 *14* 平、女子单打 *10* 平时男子先获 *14* 分、女子单打 *10* 分者仍可选择再赛。

（5）分数确定

选择再赛后从 0 比 0 开始报分，先获再赛分数的一方胜该局。

①5 分　13 平再赛 5 分；

②3 分　14 平再赛 3 分；

③3 分　9 平再赛 3 分；

④2 分　10 平再赛 2 分。

（6）胜方发球

下 1 局开始时由上 1 局的胜方先发球。

交换

羽毛球竞赛中队交换场区有一定的限制，以下情况运动员应交换场区：第一局结束，第三局开始前，第三局中或只进行 1 局的竞赛中，当领先的一方得分为 11 分 1 局的 6 分或 15 分 1 局的 8 分时。

运动员未按规则规定交换场区的，一经发现立即交换，已得分数有效。

发球

发球也有许多具体的规则。

（1）合法发球

羽毛球竞赛中合法的发球有以下一些规则：

①延误　发球时任何一方都不允许非法延误发球；

②触及　发球员和接发球员都必须站在斜对角发球区内发球和接发球，脚不能触及发球区的界线；两脚必须都有一部分与地面接触，不得移动，直至将球发出；

③腰部　发球员的球拍必须先击中球托，与此同时整个球要低于发球员的腰部；

④手部　击球瞬间，球拍杆应指向下方，明显低于发球员的整个握拍手部；

⑤挥动　发球开始后，发球员的球拍必须连续向前挥动，直至将球发出；

⑥区内　发出的球必须向上飞行过网，如果不受拦截，应落入接发球员的发球区内。

（2）发球认定

一旦双方运动员站好位置，发球员的球拍头第一次向前挥动即为发球开始。

（3）发球准备

发球员须在接发球员准备好后才能发球，如果接发球员已试图接发球则被认为已做好准备。

（4）结束认定

一旦发球开始，球被发球员的球拍触及或落地即为发球结束。

（5）其他位置

双打竞赛，发球员或接发球员的同伴站位不限，但不得阻挡对方发球员或接发球员的视线。

单打

在单打竞赛中，羽毛球有如下一些规则。

（1）分数为双数

发球员的分数为0或双数时，双方运动员均应在各自的右发球区发球或接发球。

（2）分数为单数

发球员的分数为单数时，双方运动员均应在各自的左发球区发球或接发球。

（3）按规则站位

如再赛，发球员应以该局的总得分，按规则的规定站位。

（4）违例或死球

球发出后，由发球员和接发球员交替对击直至违例或死球。

（5）失去发球权

接发球员违例或因球触及接发球员场区内的地面而成死球，发球员就得1分。随后，发球员再从另一发球区发球。发球员违例或因球触及发球员场区内的地面而成死球，发球员即失去发球权。随后，接发球员成了发球员，双方均不得分。

双打

在双打竞赛中，羽毛球有如下一些规则。

（1）右发球区的发球

1局竞赛开始和每次获得发球权的一方，都应从右发球区发球。

（2）接发球员接发球

只有接发球员才能接发球；如果他的同伴去接球或被球触及，发球方得1分。

（3）任何的位置击球

自发球被回击后，由发球方的任何一人击球，然后由接发球方的任何一人击球，如此往返直至死球。自发球被回击，运动员可以从网的各自一方任何位置击球。

（4）发球员失发球权

接发球方违例或因球触及接发球方场区内的地面而成死球，发球方得1分，原发球员继续发球。发球方违例或因球触及发球方场区内的地面而成死球，原发球员即失去发球权，双方均不得分。

（5）接发球或者发球

每局开始首先发球的运动员，在该局本方得分为0或双数时，都必须在右发球区发球或接发球；得分为单数时，则应在左发球区发球或接发球。上述两条相反形式的站位使用于他们的同伴。如有再赛，则以该局本方总得分，按相关规则的规定站位。

（6）发球区交替发出

发球必须从两个发球区交替发出。

（7）相互传递发球权

1局的首先发球员失去发球权后，由该局首先接发球员发球，然后由首先接发球员的同伴发球，接着由他们的对手之一发球，再由另一对手发球，如此传递发球权。

（8）连续2次接发球

运动员不得有发球顺序错误和接发球顺序错误，或在同1局竞赛中连续2次接发球。

（9）可在2局先发球

1局胜方中的任一运动员可在2局先发球，负方中的任一运动员可先接发球。

错误

发球区错误主要有 3 种形式，处理方式也有 3 种。

（1）情况

以下情况为发球错误：

①顺序　发球顺序错误；

②发球　从错误的发球区发球；

③发出　在错误的发球区准备接发球，并且球已发出。

（2）处理

发球区错误的处理方法如下：

①纠正　如果因发球区错误而重发球，则该回合无效，纠正错误重发球；

②顺序　如果发球区错误未被纠正，竞赛也应继续进行，并且不改变运动员的新发球区和新发球顺序。

重发球

由裁判员宣判重发球，用于中断竞赛。需要重发球的情况如下。

（1）预见

遇不能预见或意外的情况，应重发球。

（2）过网

除发球外，球过网后挂在网上或停在网顶，应重发球。

（3）违例

发球时，发球员和接发球员同时违例，应重发球。

（4）准备

发球员在接发球员未做好准备时发球，应重发球。

（5）分离

竞赛进行中，球托与球的其他部分完全分离，应重发球。

（6）看清

司线员未看清，裁判员也不能作出决定时，应重发球。

（7）无效

重发球时，最后一次发球无效，原发球员重新发球。

死球

下列情况为死球。

（1）撞网

球撞网并挂在网上，或停在网顶。

（2）落地

球撞网或网柱后开始在击球者这一方落向地面。

（3）触及

球触及地面。

（4）宣报

违例或重发球已被宣报。

违例

违例的情况有如下几种。

（1）不合法

发球不合法。

（2）未击中

发球员发球时未击中球。

（3）停在网

发球时，球过网后挂在网上或停在网顶。

（4）竞赛时

①界线　球落在球场界线外；

②穿过　球从网孔或网下穿过；

③不过　球不过网；

④屋顶　球碰屋顶、天花板或四周墙壁；

⑤场内　球触及运动员的身体或衣服；

⑥场外　球触及场外其他人或物体。

规则

竞赛从第一次发球起至竞赛结束应是连续的。关于连续性的规则有如下几点。

（1）竞赛暂停

若遇不是运动员所能控制的情况，裁判员可根据需要暂停竞赛。

如果竞赛暂停，已得分数有效，续赛时由该分数算起。

（2）中断竞赛

不允许运动员为恢复体力或喘息，或接受场外指导而中断竞赛。

（3）接受指导

竞赛时不允许运动员接受指导，在一场竞赛中，运动员未经裁判员同意，不得离场。

（4）限制行为

①中断　故意引起竞赛中断；

②速度　故意改变球的速度；

③行为　举止无礼；

④其他　规则未述的其他不端行为。

最新规则

为了更好地提高竞赛的规范性，世界羽联对竞赛规则进行了一些新的修订。

（1）一方选择

每局竞赛打到 14 平（女单 10 平），先到 14 分（女单 10 分）一方可选要加 3 分（打到 17 分，女单 13 分）或不加（打到 15 分，女单 11 分），而且只有这一次机会。现行计分制度仍维持不变。

（2）强制休息

男单、男双、女双、混双每局 15 分中，有一方先达到 8 分时，由裁判强制休息 90 秒；女单每局 11 分中，有一方先达到 6 分时，裁判措施如上。

（3）休息时间

在第一局和第二局间，最多允许 90 秒的休息；在第二局和第三局间，最多允许 300 秒的休息。

（4）暂停要求

根据规则，每局中，双方可在任何时间要求暂停 30 秒。

（5）球员要求

在裁判允许下，竞赛中球员可要求喝水、擦汗或拖地。

（6）留在场内

休息时选手仅能留在场内，教练可在场边指导。

第三章

网球运动的竞赛与裁判

1. 网球的历史演变

网球运动最早起源于 12 世纪至 13 世纪。经过几百年的历史演变，它已成为一项成熟的、受各国人民喜爱的运动。

网球起源

网球运动起源于法国。早在 12 世纪至 13 世纪，法国的传教士就常常在教堂的回廊里，用手掌击打一种类似小球的物体，以此来调剂刻板的教堂生活。渐渐地这种活动传入法国宫廷，并很快成为当时贵族的一种娱乐游戏。当时，他们在开始玩这种游戏的时候是用手掌击球，因此人们把这种游戏叫"掌球戏"。

发展历史

网球诞生之初，人们是在室内进行这种游戏的，后来移向室外。在一块开阔的空地上，将一条绳子架在中间，两边各站一人，双方用手来回击打一种裹着头发的小布球。

14 世纪中叶，法国王储将这种游戏使用的球送给英皇亨利五世，于是这种游戏传入英国。

15 世纪，这种游戏由用手掌击球改为用木板球拍打球，并很快出现了一种用羊皮制作拍面的椭圆形球拍。同时，场地中央的绳子也改为了球网。

16 世纪至 17 世纪是这种活动的兴旺时期，并逐渐形成一种竞赛。在这之前，由于这种活动只是在法国和英国的宫廷中流行，所以网球运动又称为宫廷网球和皇家网球。

1873 年，英国的沃尔特·克洛普顿·温菲尔德改变了早期网球的打法，并将场地移向草坪地。亨利·琼斯是现代网球的奠基人，他将网球单打场地改建成和现在类似的形状，即长 23.77 米、宽 8.23 米、发球线距离球网 6.40 米的长方形。1884 年，英国伦敦玛丽勒本板球俱乐部又把球网中央的高度定为 0.914 米。至此，现代网球正式形成，并很快在欧美盛行起来，成为一项深受欢迎的球类运动。

1913 年 3 月 1 日，在巴黎成立了国际网球联合会，协调国际网球活动。1896 年在雅典举行的现代第一届奥运会上，网球的男子单打与双打被列为正式竞赛项目。

中国网球的发展

19 世纪后期，英、美、法等国的商人、传教士和士兵将网球运动带入中国。最初，网球运动只是在一些教会和教会学校中开展，后来逐渐在我国上海、广州、北京等城市传播开来。

中华人民共和国成立后，在党和政府的重视和关怀下，网球运动得到空前发展，运动技术水平不断提高。1953 年中国网球协会正式成立，1980 年中国网球协会被国际网球联合会接纳为正式会员，1994 年国家体委成立了网球管理中心。

1953 年在天津举行的 4 项球类运动会中设有网球项目。1956 年，举行了全国网球锦标赛。此后，每年都举办全国性网球竞赛。从 1958 年起增加了青少年网球竞赛。

目前，中国优秀的网球运动员已经在国际网球竞赛中取得了较好的成绩。虽然我国网球运动有了长足的进步，但距世界先进水平还有相当的差距。

2. 网球的特点与作用

网球运动是深受人们喜爱，极富乐趣的一项体育活动。它既是一种消遣、一种增进健康的方式，也是一种艺术追求和享受，当然它还是一种扣人心弦的竞赛项目。

特点

世界网球之所以如此热门和得宠，其中一个重要的原因就是，与其他体育项目相比，网球有它的独特之处。

（1）竞技性

打网球需要长时间连续来回地移动和击球，运动员每一场的运动量都特别大，竞争非常激烈。无论是观众，还是运动员，都会对这种激烈的竞争性运动产生浓厚的兴趣。

（2）艺术性

网球独特的欣赏价值还体现在它特有的美的艺术氛围上。从场地设施到器材使用，再到竞赛环境的布置，可以说网球除了讲究实用，无处不注意美的氛围的营造。以服装设计为例，网球服早已自成体系，别具一格。男性上身要穿翻领上衣，下身穿短裤；女性上身要穿短衫，下身要穿短裙子或连衣短裙。男、女服装都给人一种朝气、健康和向上的美感。

（3）快节奏

网球从离拍到触及对方场地，共一秒多一点的时间，从判断对手的意识、企图、拍触球时角度、角度稳定性、球速、力度、球飞行弧度、旋转度等，到自己迅速产生多个击球方案再选择最有杀伤力的方案，利用当前的身位姿势、松紧程度和全身协调做出即使不是最满意也是最可行的控球行为，下意识的反应确实令人叹为观止。

价值

网球运动之所以受人喜爱，除因为它的特点外，还因为它有很多种好处。

（1）增强体质

网球运动是一项男女老少皆宜的运动，运动量可大可小，可以自行调节。练习网球，可以使人们动作敏捷、判断准确、反应迅速，提高速度、力量、柔韧、灵敏等身体素质，对改善人体运动系统、循环系统、呼吸系统、神经系统及抵抗各种疾病、适应外界的能力都有重要的作用，从而有效地增强人们的体质。

（2）培养意志

在网球运动中，特别是在竞赛中，人们通过进攻与防守，控制与反控制，既斗智，又斗勇，锤炼了个人的意志品质和心理素质，有利于培养拼搏进取的作风和胜不骄、败不馁的道德风尚，有利于提高克服各种困难的勇气。

（3）团结协作

练习网球需要一个对手或球友。通过网球运动可以交流球艺，增进友谊。特别是参加双打竞赛，可以培养人们相互信赖、团结协作、密切配合的合作意识。它还是一项新的社交活动，可以促进彼此的沟通和理解。

（4）愉悦身心

网球竞赛具有较强的观赏性。网球竞赛中，场上热烈的气氛、激烈的争夺，使广大观众如痴如醉，豪情满怀。运动员所表现的顽强斗志、潇洒的作风、精湛的技艺，都令人赏心悦目，久久难以忘怀，人们从中得到一种精神享受。

3. 网球竞赛的场地

网球既是一种竞技运动，也是一种非常优雅的艺术运动，这种优雅和网球运动在球场等方面的要求有一定的关系。网球运动在场地方面的物质准备主要包括场地规格、球网等。

规格

按照规定，网球球场应为长 23.77 米、宽 8.23 米的矩形，中间由一条挂在最大直径为 0.008 米粗的绳索或钢丝绳上的球网分开。

种类

网球场可分为室外和室内，且有各种不同的球场表面，其将由经济因素所决定。例如草地网球是最基础的户外场地，但是其建立和保养费用太昂贵，所以现在已由人造球场取代，它较便宜且容易保养。另外，有一种在欧洲盛行的红土球场，法国公开赛即为此种球场。

（1）草地场

草地球场是历史最悠久、最具传统意味的一种场地。其特点是球落地时与地面的摩擦小，球的反弹速度快，对球员的反应、灵敏、奔跑的速度和技巧等要求非常高。因此，草地往往被看成"攻势网球"的天下，发球上网、随球上网等各种上网强攻战术几乎被视为在草地网球场上制胜的法宝，底线型选手在草地网球场上往往难有成就。

（2）红土场

更确切的说法是"软性球场"，其最典型的代表就是红土场地的法国网球公开赛。另外，常见的各种沙地、泥地等都可称为软性场地。这种场地特点是球落地时与地面有较大的摩擦，球速较慢，球员在跑动中，特别是在急停急回时，会有很大的滑动余地，这就决定了球员必须具备比在其他场地上更出色的体能、奔跑和移动能力，以及更顽强的意志品质。

（3）硬地场

现代大部分的竞赛是在硬地网球球场上进行的，也是最普通、最常见的一种场地。硬地网球场一般由水泥和沥青铺垫而成，其上涂有红、绿色塑胶面层，其表面平整、硬度高，球的弹跳非常有规律，但球的反弹速度很快。

（4）地毯场

这是一种"便携式"可卷起的网球场，其表面是塑胶面层、尼龙编织面层等，一般用专门的胶水粘接于具有一定强度和硬度的沥青、水泥、混凝土底基的地面上即可，有的甚至可以直接铺展或粘接于任何有支持力的地面上，其铺卷方便、适于运输且有非常强的适应性，室内、室外甚至屋顶都可采用。

球网

（1）网绳

球网粗绳索或钢丝绳最大直径为 0.008 米。

（2）网柱

网的两端应附着或挂在两个网柱顶端，网柱应为边长不超过 0.15 米的正方形方柱或直径为 0.15 米的圆柱。网柱不能超过网绳顶端 0.025 米。每侧网柱的中点应距场地 0.914 米，网柱的高度应使网绳或钢丝绳顶端距地面的垂直距离为 1.07 米。

（3）支杆

在单双打两用场地上悬挂双打球网进行单打竞赛时，球网应该由两根高度为 1.07 米的"单打支杆"支撑，该支杆截面应是边长小于

0.075 米的正方形方柱或直径小于 0.075 米的圆柱。每侧单打支杆的中点应距单打边线 0.9144 米。

（4）网孔

球网需要充分拉开，以便能够有效填补两根支柱之间的空间，并有效打开所有网孔，网孔大小以能防止球从球网中间穿过为准。

（5）其他

球网中点的高度应该是 0.914 米，并且用不超过 0.05 米宽的、完全是白色的网带向下绷紧固定。球网上端的网绳或钢丝绳要用一条白色的网带包裹住，每一面的宽度介于 0.05 米至 0.0635 米。

球场线

（1）发球线

球场两端的界线叫底线，两边的界线叫边线。在距离球网两侧 6.4 米的地方各画一条与球网平行的线，为发球线。

（2）发球中线

球网与每一边的发球线和边线组成的场地再被发球中线分为两个相等的区域，为发球区，发球中线是一条连接两条发球线中点并与边线平行的线，线宽必须为 0.05 米。每一条底线都被一条长 0.1 米、宽 0.05 米的发球中线的假定延长线分为相等的两个部分，由一条短线分隔，该短线为中线，它与所处的底线呈直角相连，自底线向场内画。

（3）其他

除了底线的最大宽度可以不超过 0.1 米，所有其他线的宽度均应在 0.02 米至 0.05 米。所有的测量都应以线的外沿为准。

固定物

网球场地上的永久固定物不只包括球网、网柱、单打支杆、网绳、钢丝绳、中心带及网带，以下情况也算永久固定物，如球场四侧的挡板、看台、环绕球场固定或可移动的椅子及观众，以及所有场地周围和上方的配套设施，还有处于各自预定位置的裁判、司网裁判、脚误裁判、司线员和球童。

4. 网球竞赛的器材

网球运动的器材准备主要包括球、球拍等。

网球

场上用球外部需要由纺织材料统一包裹，颜色为白色或黄色，接缝处需无缝线痕迹。其具体规格要求如下。

（1）规格

网球的重量要在56.7克至58.5克，直径要在0.654米至0.686米。

（2）反弹

在从2.54米的高度向混凝土地面作自由落体运动时，反弹的高度应在1.3462米至1.4732米。

（3）形变

当在球上施加8.165千克的压力时，向内发生弹性形变应该在0.00559米至0.00737米，压缩后反弹形变的范围应该在0.008米至0.0108米。

球拍

网球运动对球拍有很高的要求，这也就有了不同种类的球拍和球拍的规则。

（1）种类

现今的网球拍主要划分为3大类。

①力量型

大多数情况下，这个类型的网球拍的特征是拍面大、重量较轻、较长、较硬，重量分布头部较重或均匀分布，以保持击球区有足够的重量，适合需要从球拍获得更多力量的选手使用。

②控制型

主要为职业选手和水平较高的选手选用。这类球拍的典型特征是重量较重，拍面较小和较窄，重量分布头部较轻，这样便可保持球拍较好的可操控性。这类球拍的力量通常比第一类球拍有所减弱，因此较为适合自身拥有足够力量同时追求控制的职业选手和高级选手使用。

③级别型

这个类型的网球拍结合了力量型和控制型的一些特点。他们通常较轻，重量分布从头部稍轻到头部稍重均有，拍面大小通常为中，长度通常为加长。这类网球拍可以提供中低至中高程度的力量，最受追求提高场上控球能力的中高级选手的欢迎。

（2）要求

只有符合下列要求的球拍才允许在按照本规则进行的竞赛中使用。

①击球面要平坦　球拍的击球面应该是平坦的，由连接在球拍框上的拍弦组成统一规则，拍弦在交叉的地方应该是相互交织或相互结合的。

②正反两侧一致　拍弦所组成的式样应该大体一致，中央的密度特别不能小于其他区域的密度。球拍的设计和穿弦应使球拍正反两侧在击球时性质大体保持一致。

③拍框的总长度　从 2000 年 1 月 1 日起，在非职业竞赛中使用的球拍拍框的总长度（包括拍柄）不能超过 0.7366 米。在此之前，非职业竞赛使用的球拍的最大长度为 0.8128 米。拍框的总宽度不能超过 0.3175 米。

④尺寸位置合理　拍框、拍柄都不能有附属物和其他装置，除非该附属物仅是用来限制和防止球拍磨损、破裂、振动或是用来调整重量分布的，而且它的尺寸及位置也必须是合理的。

装备

网球运动的装备主要是指服装、鞋袜等。

（1）服装

网球运动对着装有特殊要求。这些要求来自传统习俗，也来自对优美形象的追崇。常见的网球服装有 T 恤与短裤等。

①T 恤与短裤　经典的款式，适合所有男士穿着。尤其在公众场合，这样的款式显得大方得体但又不失时尚。宽松的短裤让人行动自

如，尤其在快速跑动时。

②无袖的 T 恤　无袖圆领 T 恤舍去了袖子的设计，使得运动时更舒适凉爽，并且看上去更酷、更有魅力。

③T 恤与短裙　传统的 T 恤和传统长度的裙子，很经典也很时尚，没有过分暴露的元素。适合竞赛或公众场合穿着。

④各种连衣裙　令无数人神往的连衣裙，据说很多女孩都是为了穿上这身靓衣才走上球场的。

⑤吊带衫与短裙　时装般的设计。吊带衫使整个肩膀得以解放，显得楚楚动人。短裙使整个腿部线条清晰显露，动感十足。

⑥女子短裤　短裤是女下装的另一个选择，舒适、方便、安全。

⑦圆领的 T 恤　圆领 T 恤的受欢迎程度与普及度之高超出了很多人的想象。虽然其外观不算起眼，但简洁的设计、舒适的感觉和便宜的价格使它备受青睐。

（2）球鞋

网球运动一般分为硬地、泥地和草地 3 种。网球运动和篮球运动对脚的活动较相似：用力大，方向多变，要求耐冲击、稳定性佳、减震好、防滑性好。但相比之下，网球运动更激烈快速一些。由于网球运动剧烈，所以对鞋有一定的要求。

①鞋底

由于大多数网球场地一般由 3 类性质不同的材料构成，因此鞋底的形状几乎决定了运动员在不同场地的发挥效率。草地场首选有突出胶状纹路的鞋底，沙土场地则应选择宽波沟纹路的鞋底，而现在使用的最多的是硬地球场（塑胶、沥青）则要选择细密人字形纹路的平滑鞋底。

②鞋面

皮质鞋面总能使球鞋光泽生辉，并给人有牢固和扎实之感。在注意皮质鞋面的同时，还应注意内衬材料的吸收作用，注意其柔软性和舒适度。至于棉质或尼龙等化纤类材料作为鞋面，似乎更适合以木质场地为主的运动项目，不应作为网球首选鞋面材料。

③尺寸　除以上选择的制造要素外，还应在购买时注意尺寸

和比例。对于男女网球手还应懂得有男式球鞋和女式球鞋的设计区分。

（3）袜子

打球时最好穿两双袜子，因为再好的鞋也不能完全与脚形一致，鞋与脚之间的空隙应该用棉线袜来补充。这样做还可以使你的脚在运动后少一些汗臭，也会让球鞋穿得长久一些。厚厚的棉袜会充分保护脚底、脚趾和脆弱的跟腱。

5. 网球竞赛的人员

网球竞赛的人员主要包括参赛人员、裁判等。

参赛人员

网球的参赛人员包括运动员和教练。

裁判人员

（1）裁判种类

①主裁判　网球竞赛的主裁判坐在球场外一边的中间的高椅上，他拥有对竞赛中所有事件的最终仲裁权。

②边裁判　此外还有边裁判协助主裁判的判决，他们主要的工作是确定球是否落在规定的区域内，以及检查球员发球时是否违例。

③网裁判　此外还可设 1 名网裁判，负责判断发球时球是否触网。

（2）裁判长职责

裁判长应由竞赛委员会推选，裁判长的名字应由竞赛委员会发布公告通知参加竞赛的各单位。具体规则如下：

①责任　裁判长必须精通规则和实施运用规则，要能迅速作出决定，并对其所采取的行动负完全责任；

②更换　裁判长有权指定或更换裁判员、司线员、底线裁判员

和网上裁判员；

③作出 如果一场未进行完的竞赛需要重赛，裁判长可以在征得竞赛双方的同意后，作出仲裁或继续竞赛的决定；

④决定 裁判长有权指定竞赛的场地，有权决定请假运动员在限定日期竞赛；

⑤负方 裁判长有权决定无故不出场竞赛的运动员和经过点名而不准备出场竞赛的运动员为负方；

⑥延期 由于天黑或是场地、气候等条件的限制，裁判长可以随时决定延期竞赛；

⑦判定 当裁判员表示自己不能裁决时，裁判长可以根据规则条文决定任何得分。裁判长的决定是最后的判定。

（3）主裁判职责

网球竞赛中，主裁判员职责如下：

①竞赛开始前检查球网和支柱的高度是否合乎标准，如果运动员提出请求，主裁判可以在竞赛期间测量和调整网高；

②宣报"发球失误、重发球、出界、击球犯规、脚误和两跳"，以及除授权给司线员、脚误裁判员和网上裁判员以外的判罚，也可重复其判决；

③先在记分表上登记胜方的得分，然后在运动员请求报分时也可报分；

④每局和每盘竞赛结束应报局数分和盘数分，或运动员请求报局数分和盘数分时也应报分，并登记在记录表上；

⑤认为休息时间已结束，主裁判员应立即恢复竞赛；

⑥裁判在每局竞赛开始时，应说明可能发生影响竞赛的情况；

⑦主裁判在竞赛结束时应填写记分表，将其送交竞赛委员会有关人员批准并保存。

（4）司线员职责

①看管 司线员的职责是报发球失误和出界，判决他所看管的那条线上的出球，并有最后决定权。如对于这一分球司线员不能作出

决定时，裁判员应予判决，或令这一分球重发球；

②指派　司线员接受裁判长或裁判委员会的指派。只有裁判长一人有权更换司线员。

（5）司网员职责

①应报　司网员遇到发出擦网球则应报重发球，遇到球穿过网孔则应报穿孔球；

②复述　司网员为了防备可能发生的差错，复述竞赛的报分，并与裁判员核对，另外还要登记所更换的球；

③动作　当运动员作出发球的抛球动作时，司网员应将手置于球网网绳上面，他的腿和脚不应伸到球场内，运动员发完球，他应悄悄从网上将手收回。

（6）脚误裁判员职责

①位置　脚误裁判员应正对底线而坐，发球时他可以从一边换到另一边，他不得和底线司线员谈话；

②宣布　在判决犯规时必须大声宣布，并使全场都能听到，他应非常熟悉脚误的规则，只有在他确定是违犯规则时，才应当宣布脚误；

③判断　一边看着运动员的脚下动作，一边听球拍击球的声音，用这种方法能够合理而精确地判断运动员发球时是否脚误。

（7）判罚依据

对于裁判员、司线员、司网员等人的意见，判罚规则如下。

①判定　网球竞赛时如设裁判员，裁判员的判定就是最后的判定。竞赛大会如设有裁判长，运动员对裁判员涉及有关规则判定有异议时，可提请裁判长解决，裁判长的判定就是最后的判定；

②权限　竞赛中设有司线员、司网员和脚误裁判员等辅助人员时，对于具体发生的事例，他们的判定就是最后的判定。如果裁判员认为是明显误判，他有权纠正辅助人员的判定或指令该分重赛。当辅助人员不能作出判定时，应立即向裁判员示意，由裁判员作出判定。如裁

判员对于具体发生的事也不能作出判定时，可判令该分重赛；

③更改　在团体赛中，裁判长有权更改任何判决，他还可以指示裁判员判该分重赛。

6. 网球运动相关术语

网球术语指应用于网球竞赛领域的术语，由于竞赛的特殊性，在赛事解说或评论中会使用一些网球术语。

人员场地

（1）种子球员

网球赛制通常采用淘汰制，为了不让水平较高球员在赛事前几轮就因彼此对上而出局，因此将参赛的水平较高的一些球员列入种子球员，并于签表中分散排列，以避免其在赛事前几轮就相遇。

（2）线审

专门负责监视球行经球场边界线情况并宣判这一球是出界或界内的人，不接受球员的驳回。线审必须服从主审的判决，即使其与线审自己的判断不同。

（3）球童

为当每1分打完时，在球场上负责捡球的男性或女性。

（4）幸运的输球者

虽然输球但却幸运地仍可继续参赛的球员。通常发生的情况是：在主赛事第一轮开打前，有球员临时退赛，因此资格赛最后一轮输球的球员递补。虽然输球却仍能有机会获得主赛事的参赛资格，而成为幸运的输球者。

（5）后场

球场中发球线与底线之间的区域。

（6）底线

在球场最远的两端的用以界定竞赛球场范围的白线。

技术方面

（1）ACE 球

一个接发球方球员碰不到的优质发球。

（2）占先

为一位球员在平分后再得 *1* 分的情况。在这种情况下，这位球员只要再赢得 *1* 分，即可赢得该局。

（3）反手拍

一种以主要持拍手臂的背面来面向球的来向，跨过身体，挥动网拍以击球的挥拍方法。对于右撇子而言是指左手边，对于左撇子而言则指右手边。

（4）下旋

球的底部向前旋转的旋转方式，造成球往上浮且落地后弹跳得较低。

（5）大力发球

一个强而有力的发球，通常使得发球方在这一分中占有优势。

（6）破发球局

即破发，接发球方球员破了发球方球员的发球局而赢下该局。

（7）破发点

再赢 *1* 分即可破发的状况。

（8）双发失误

即双误，在 *1* 分之中连续 *2* 次发球失误，导致球员输掉该分。

（9）上旋发球

一种带着旋转、落地之后弹跳很高的发球。

（10）挡

一种击球前挥拍动作不大的防御性击球方式，通常是在回发球时使用。

（11）第一轮轮空

该位球员不需要打第一轮，直接晋级至第二轮。在部分赛事的赛制设计上会给予种子球员第一轮空轮，抑或是由于参赛人数不足等原因而给予部分球员第一轮空轮。

（12）深

球的落点很接近底线，是落点很接近网子的反义。

（13）直线行进

击一球并使之笔直地前进而进入对手的球场。

（14）过网急坠球

又称放小球，击球的力道很轻、使之刚好通过网子上方即坠下来的球，目的是使位置离网子很远的球员防备不及。

（15）击落地球

在球于球场上弹跳一次后的正拍或反拍击球。

（16）近身球

发球或回击球时，将球笔直地打向对手的身体。

（17）触网

发球时，球触到网子之后落进对手球场中的有效区域，此时这分不算重打。

（18）高吊球

一种过网高度极高的球，目的是使球飞越过网前对手的头顶而保证得分。

（19）月亮球

高度极高的高吊球。

（20）开放性击球姿势

击球时，身体正前方之方向介于平行于底线与面对于对手之间，为现代新式击球技法。

（21）穿越球

从网前对手旁边通过的一球，参见高吊球。

（22）上旋

球的顶部向前旋转的旋转方式，造成球往下沉且落地后弹跳得较高。

规则方面术语

（1）发球失误

发球时，球没有落进正确的区域。

（2）第一发球

在 1 分开始时，发球方球员所拥有的两次发球机会中的第一次发球机会。

（3）二发

在 1 分开始时，发球方所获得的两次发球机会中的第二次发球，也是最后一次发球。

（4）发球上网

发球并立即向前移动来创造截击的机会并有希望获得这一分的战术。

（5）抢七局

也叫抢七、抢小分局、抢小分，指在一盘的比分到 6：6 时，为了决定该盘的胜负所进行的一个特殊的局。领先对手 2 分以上（含 2 分）且其得分达 7 分以上（含 7 分）者胜出。

（6）非受迫性失误

竞赛间发球或回击球时无法归因的失误和球员因自己判断错误所造成的失误。

（7）外卡

即使排名不够或没有及时登记，也能获得参赛的资格。一般给予的情况有：虽然排名仍不足但有潜力的球员、知名球员因故长期未参赛而导致排名不足、排名很高的球员没有及时登记参赛等。

胜负方面术语

（1）贝果（Bagel）

以 6：0 的比数赢下该盘。

（2）局点

指再赢得 1 分即可赢得该局的情况。

（3）金满贯

在一年之中，完成大满贯且赢得奥林匹克运动会中网球项目的金牌。

（4）大满贯

指赢得一年里 4 个最著名的赛事：澳大利亚网球公开赛、法国网球公开赛、温布尔登网球锦标赛、美国网球公开赛。

（5）赛点

在一场竞赛中领先的一方球员再赢得 1 分即可获胜的情况。

（6）盘点

离赢得一盘竞赛只差 1 分时。

（7）不战而胜

不需要竞赛即获得胜利。情况有：第一轮轮空、对手被取消资格、对手因受伤等原因无法参加竞赛等。

（8）致胜球

若在连续对打时指的是对手无法赶到的强而有力的一球，因而拿下这一分。若在发球时指的是对手碰到了却回击不好的强力发球，因而拿下这一分。

7. 网球的准备姿势和握拍

在所有的网球技术中，最基本的仍是握拍法，它能直接影响球拍面接触球的角度。目前世界上流行的握拍法有两种：即东方式和西方式。

准备姿势

准备姿势是一种临战状态，因此合适的准备姿势对于网球运动非常重要。

（1）身体

面对球网，两脚开立，比肩略宽，脚掌着地，脚跟抬起，身体重心在两脚前掌之间，两膝微曲，并保持膝关节的良好弹性，上体微前倾，两眼注视来球方向或来球。

（2）球拍

球拍助于腹前，拍头指向前方略偏左，微上翘，手腕低于拍头。用正手握拍的轻握球拍，不持拍手轻扶着球拍的颈部。

东方式握拍法

东方式握拍法又分为正拍和反拍两种。

（1）正拍握拍法

左手先握住拍颈，使拍子与地面垂直，然后手掌也垂直于地面，手握拍柄好像与人握手，故也称"握手式"握拍法。准确地说，用右手掌根与拍柄右上斜面贴紧，拇指垫握住拍柄的左垂直面，食指微离中指，食指下关节压住拍柄右垂直面，由此拇指与食指成"V"形，对准拍柄的右上斜面和左上斜面的上端中间。

（2）反拍握拍法

从正拍握法把手向左转动（即把拍子向右转动），使拇指与食指成"V"形，对准拍柄左上斜面与左垂直面的中间条线，用手掌根压住拍柄的左上斜面，拇指贴在左垂直面上，食指下关节压在右上斜面上。

大陆式握拍法

也称英国式握拍法，除球拍面与地面垂直、大拇指与食指成"V"形握在拍柄的中部等与东方式握拍法一样外，不同点是：大拇指与食指互相接角而不分开，适合在发球或扣球、反手击球时使用。在普通的击球中，即使用东方式握拍法的选手，有很多人在发球或扣球时，也常使用大陆式握拍法。这种握拍法的优点在于无论是反手还是正手都能以不变的握法进行击球。但由于在打球时需要相当大的腕力，力量不足的选手使用这种方法很难打出好球。

西方式握拍法

西方式握拍法又分正拍和反拍握法。

（1）正拍握拍法

手掌心朝下，手掌的大部分放在拍柄的底部，手掌根贴在拍柄的右下斜面上，拇指压在拍柄的上部手面，食指的下关节握住拍柄的右下斜面。拇指与食指的"V"形对准握柄的右垂直面。握拍的形状好似"一把抓"。

（2）反拍握拍法

在西方式正拍握拍的基础上，把球拍上下颠倒过来，用同一拍面击球或手腕顺时针转,使拇指与食指的"V"形对准拍柄的左垂直面,食指下关节压住拍柄的上部手面,手掌根贴在左上斜面。

其他握拍法

除以上三种常见的握拍方法外,还有一些混合式握拍法、双手反拍握拍法等握拍方法。

（1）混合式握拍法

即半西方式握拍法,它的正拍介于东方式和西方式之间的握拍法,拇指与食指的"V"形对准右上斜面,它的特点是便于拍击任何来球,目前被不少优秀选手所采用。

（2）双手反拍握拍法

双手反拍握拍法的动作要领是,右手是东方式反拍握法,握在球拍拍柄的底部,手掌根与拍柄对齐;左手握在右手的上方,作东方式正拍握拍法。

（3）双手正、反拍握拍法

即正拍击球时是双手握拍,反拍击球时也是双手握拍。它的动作要领是:即右手为东方式或混合式握拍,左手握在右手上方,当对方击球朝正拍来时,左手下滑,右手迅速与左手换位,形成类似左手持拍反拍击球动作。

8. 网球的发球技术

发球技术是非常重要的,是唯一由自己掌握的击球法。它可以不受对方制约,在较大的程度上能够发挥出个人的特点,用以控制对方。

动作

发球的动作要点包括握拍、准备动作、击球等。

（1）情绪

心浮气躁的情况下是很难发出一个好球的。通常的做法是在发球的位置上做几次深呼吸,再拍拍球,然后站定准备发球。各人习惯不同，因而稳定情绪的做法也各有异，但这一环节最好不要被略掉并且尽量延续至准备动作中去。

（2）握拍

通常采用东方式反手或大陆式握拍法。

（3）要领

全身放松，侧身站立在端线外中场标记近旁边（单打），左肩对着左边网柱，面向右边网柱，两脚分开约同肩宽，左脚与端线约成45度，右脚约与端线平行，重心在左脚上。左手持球轻托球拍在腰部，拍头指向前方，呼吸均匀，精神集中。

（4）抛球

抛球是发球中很重要的一个环节，抛球的最佳高度是人伸直拍子再稍稍高出一点的位置。而击球的最佳时机也在这个位置，即球上升到最高处即将下落或刚刚下落的那一刻。

（5）击球

当左手抛出球时，球拍继续向上摆起，这时握拍手的肘关节放松，可以使向前转动的身体和右肩自动地使手臂产生一个完美的绕围。当球下降至击球点时，迅速向上挥拍击球，右脚上蹬，使手臂和身体充分伸展，当身体向前上方伸展击球时，肩、手臂已经回转，双肩与球网平行。挥拍击球时，持拍手腕带动小臂有一个旋内的"鞭打"动作，这就是发球发力的关键动作，也是其他如重心前移、蹬腿、转体、挥拍等力量聚集的总和。

（6）随挥

随挥击中球时虽然挥拍击球动作已告完成，但整个发球过程却仍在继续。到达击球点后球员应顺着身体及挥拍的惯性做收腹、转肩和收拍的动作，最终拍子由大臂带动收向持拍手的异侧体侧，结束发球动作。这一过程被称为随挥，即随球挥动，与底线击球的随挥异曲同工。

种类

发球基本分三种：平击发球、切削发球和上旋发球。每一种发球都有自己的特点和用途，好的发球具有相当大的攻击力，并且发出的球在速度、力量、旋转和落点方面会有变化。

（1）平击发球

①特点 平击发球在诸发球种类中是球速最快的发球法，也叫炮弹式发球。该发球不但球速快，而且反弹低。如果身材高大就可以借助高点击球的空中优势直接进攻对方；如身材较矮小或是女选手就不宜使用平击发球。这种发球虽然力量大、球速快、威胁大，但命中率比较低。

②动作 发平击球时的击球点应在身体的右眼前上方，以拍面中心平直对准球，击球的后中上部。因此，手腕的向前抖甩和前臂的"旋内鞭打"非常重要，身体充分向上向前伸展，以获得最高击球点，提高发球命中率。

（2）切削发球

这是一种以右侧旋转为主的发球法。就是由球的右上往左下切削击球。由切削发球的飞行轨迹及弹跳方向所定，该发球不但球速快，威胁大，而且容易提高发球命中率。为此被世界各国多数运动员所采纳。它的动作包括以下三个部分。

①向后引拍 做好准备姿势后，双手以同下、同上协调的动作节奏，左手持球向下然后再向前偏右上方直臂抬起，大约高至头部上方时，手指自然松开，让球垂直上升，右手握拍与左手同时一起先向下摆，经右膝边然后向后上方摆动，当握拍手摆至肩高时，转肩抬肘弯臂，使拍头垂于背后如搔背状，同时身体向右转动，两膝向前弓，下颏抬起，全身呈背弓形。

②挥拍击球 当球快进入击球点时，右臂迅速向前上方挥动球拍，同时蹬腿、直腰、踮脚尖，身体从屈到伸，并伴随着转体，转肩使重心移到前脚。让球拍在所能达到的最高点上从球的右上角切削而下。如果把球朝着发球者的那个面看作是一个钟面，即拍面应击在钟面的两点钟的那个位置上。并且击球时须有扣腕动作，在触球时使前臂、手腕和球拍柄近似于一条直线。

③随挥 击球后，右脚应跨前一步，以随挥动作将球拍经体前从左膝侧面挥向身后，此时上体前倾，右肩明显低于左肩。

（3）上旋发球

①特点　这是以上旋为主、侧旋为辅的发球法。由于球的上旋成分多于切削发球，使球形成一个明显的从上向下的弧形飞行轨迹而过网，发力越强，旋转成分越多，弧形就越大，命中率也越高，落地后高反弹到对方的左侧，迫使对方离位接球，给对方造成很大压力，同时为发球上网带来足够的时间。

②动作　发上旋球时把球抛到头后偏左的位置，击球时身体尽量后仰成弓形，利用杠杆力量对球加旋转，球拍快速从左向右上方挥动，从下向上擦击球的背面，并向右带出，使球产生右侧上旋。

9. 网球的接发球技术

发球与接发球一"矛"一"盾"是针锋相对的两项技术，二者对于球员赢得竞赛具有同等重要的意义。

接球动作
接球的动作要点包括握站位、击球等。

（1）准备姿势及站位
接发球的准备姿势以能用最快的速度还击球为准。在对方发球前，可以弯曲膝盖，两腿叉开，当对方抛球准备击球时，可以升起重心两脚快速交替跳动，并判断来球迎前回击。接发球站位要根据对方的发球水平和自己的接发球水平、习惯、场地快慢和战术需要来确定，一般应站在对方能发到内外角的中角线上，接第一发球时站位稍后些，接第二发球时站位略前。

（2）击球动作
根据对方发球好坏和速度快慢而定。动作一般介于底线正、反拍击球动作和截击球动作之间。对发球差的选手，可用自己的底线正、反拍动作来接对方的发球；而对发球好、速度快的选手，可用网前截击球的动作来顶接对方的发球，这样击出的球很有威慑力。

（3）回位

很多选手击球后喜欢站在原地等对手的回球。要知道是对手在发球，占有主动权，自己更应该积极奔跑防御。因此，接发球后应该积极回位准备下一拍击球。

接球方法

接发球是针对发球而来的，因此针对不同的发球，运动员应该选择相应的接发球方法。

（1）平击球的接法

接高速度的平击球时，一般应站在底线稍后、中线与边线之间正中的位置上。这种取位无论来球是正手还是反手球，都可以应对。当对方平击球的速度很快时，不必做幅度很大的挥拍动作，只要及时将拍面对准来球，利用来球的速度，将球击回对方场地，甚至不必挥拍，只需要将拍面对准来球即可。

（2）切削球的接法

切削发球球落地后会拐方向，从接发球这边来说，一般球是向右侧拐去，宜用正手来防守。这种球在比分相持时站位可稍稍向双打边线靠近，分领先时，可根据球右拐的情况稍稍向中线靠站位。当对方的切削球很强劲、球弹起后外旋时，接这种球应及早向前踏步迎截，在球改变方向之前就击球，并且尽可能回出较深的球，这样可以赢得时间，即使自己被迫跑到场外也有时间回到已成为空当的场地，并便于把因跑步而失去平衡的身体姿势调整过来。

（3）旋转球的接法

旋转发球球落地后，从接发球者一侧来说，一般是向左侧又高又远地弹起。所以，接这种球宜采用反手接球。在相持时可靠中间一些取位，在领先时则可靠近边线站位。此外，如果接高球技术较好，可站在底线里，抓住球往高弹起的瞬间进行击打。当对方的旋转球发得又高又远时，因为击球点越高越难打，所以应尽可能向前踏步，在球弹高之前击球。如不能抓住这个时机，在球下落时再击也可以。

10. 网球的正反手击球技术

正手击球

网球正手击球指的是在握拍手同侧的地方对落地球的打法，它是网球基本技术中最常用的击球方法之一，也是初学者最先学习的技术。

（1）动作要领

正手击球的动作要领包括握拍法、后摆法等。

①握拍　如果是右手握拍，则用左手支撑球拍，拍柄底部朝向肚脐，球拍面与地面垂直，球拍置于身前 0.3 米至 0.4 米，右手像握手那样摆放。

②后摆　打平击球时，可直线水平向后摆，也可以是像画圆弧那样从上向后挥摆。球拍都要向后挥摆到腰的高度。有人认为向后挥摆的动作大，击出球就有力，实际上动作过大对控制球反而不利，正确的方法是：肘部要轻轻地顶着腰侧部，以肘部为挥摆的支点，这时，拍头不要大幅度地往外挥摆。

③前挥　向前挥拍时，球拍应不低于手腕的高度，并尽可能水平地挥拍。如能以手腕带动手臂，就可以提高稳定性。此外，即使是手腕固定，也要放松地握拍，在击球的一瞬间再全力地握紧，球不是被球拍挥抡击出去，而是被推打手法，所以，拍面、手腕、肘是向着打球的方向平行地运动。

④随挥　随挥是指球拍向着打球的方向自然挥出，随后，下巴或右脸颊应能贴到右肩，眼睛盯住球，不要仰头，脸保持向前的状态，待双臂挥动至脸部正面并完全伸直时，随挥动作即为结束。

⑤移动　一般的移动步法是：在开始时为小碎步，中间为大步，当接近来球时，又改为小碎步。在确定支撑脚的位置后，另一脚跨出击球，这里支撑脚的移动是关键。由右脚迈出第一步，当球到了正手一侧时，迅速地以左脚着地，并向右边跨出。这时后摆动作已经结束。由右脚支撑体重，然后随着来球跨出左脚。此时的上体是向右转的姿

113

势，因此应该能隔着左肩看到来球。接着进入击球阶段，重心移到左脚在随挥的动作完成之后，右脚再收到原来的准备位置上。

（2）击球方法

正手击球的击球方法从球的旋转性能分类，有以下几种不同的旋转的击球方法。

①平击球 挥拍击球的路线是从后向前上方较平缓地挥击，击球拍面几乎垂直地面，击球的正后部，这种击球方法的球速最快，球的飞行路线最平直，而球落地后的前冲力量也较大，但准确性较差。

②上旋球 球拍自左后方向前上方挥击，这时球由后下方向前上方旋转，故称为上旋球。要想产生急剧上旋，需加大向上提拉的幅度。上旋球的最大优点是便于加力控制，尤其在快速跑动中，其他的打法容易失误，而上旋球则有较大的把握。因为，反拍上旋球的飞行路线呈彩虹状，过网后有急剧下降的特点，可以打出短的斜线球，把对方拉出场外回击取得主动，同时也是破坏对方上网的有利武器。

③下旋球 俗称"削球"，和上旋球方向相反，它是由后上方向前下方挥拍，打在球的后下部产生旋转，球由后前方向下方旋转，成下旋球。下旋球的飞行路线是向上的弧线，过网时很低，但可以打对方的深区（后场），落点容易控制，比较稳健和准确。其常用于随击上网，可以协调连贯地把随击与上网结合起来，利用球的飞行时间和深而准的落点冲至网前截击。

④侧旋球 击球前的动作与平击相似，击球时球拍由后部向内侧"滑击"，使球产生由外向内的侧旋转，球飞行路线呈水平向外侧的弧线，落地后向外跳，常用于正拍直线进攻。

反手击球

网球反手击球指的是与握拍手相反的落地球打发，它和正拍击球一样，也是网球的基本技术中最常用的击球方法之一。网球反手击球的动作要领包括握拍法、准备姿势等几个部分。

（1）握拍法

"反手"的意思是用手背，所以一定要有用手背打球的意识。握拍方法与发球时相同，右手握拍时，虎口在拍柄的左边。

（2）准备姿势

面对球网，双脚向前自然分开与肩同宽，双膝微曲，腰部略向前，用非握拍手轻托拍颈，拍头与下巴齐平，双肘弯曲，将球拍舒适伸在前面，身体前倾，重心落在双脚上。当判断对方来球朝自己的反拍方向飞来时，轻握拍颈的左手应该迅速帮助右手握拍方法变换为反拍握拍法。

（3）后摆引球

向左肩转髋带动右手向左后方摆动，左脚向左转90度与底线平行，同时右脚向左前方上步，左肩对着球网，手腕绷紧、后伸，双肩夹紧，右手拇指靠近左腿的上部。后摆时肘关节自然弯曲、下垂，重心移向后方的脚上。反拍的后摆动作应比正拍后摆更早地完成。单手反拍时，左手可轻托拍颈，伴随着向左转的协调动作；若是双手反拍挥臂，需要更充分的转体动作，右肩转向左侧的网柱。

（4）前挥击球

从后摆进入向前挥动时应紧握球拍，手腕固定，右脚与网成45度角，转动双肩、躯干和臀部，挥拍向球，反拍的击球点应在身体的左侧前方，击球时球拍与右脚应在一条直线上。击球瞬间，挥拍头的挥动最快，对准来球把球打正，肘部应伸直，球拍与手齐平，双眼盯住球。

（5）随挥动作

球击出后，拍面平行于网的时间尽量长些，挥拍沿着球飞行的方向前送，球拍随球向前的距离小于0.6米，重心前移，落在右脚，身体也随着转向球网，挥拍在右肩上方结束，拍头指向上方，完成好随挥动作有助于控制球的落点和方向。

11. 网球的高压球技术

网球高压球是应对对方挑高球的一项进攻技术，良好的高压球技术，能为上网截击增加信心和增强威力。根据对方挑高球落点的深浅，采取猛力的扣杀和落点准的打法，能使高压球更具威胁力。

具体打法

高压球可分为凌空高压球、落地高压球、前场高压球、后场高压球、近网高压球等几种。但不管哪种高压球，一般都需要注意以下一些技术。

（1）握拍

高压球一般采用东方式握拍法或大陆式握拍法。由于肌肉的成长和体格因人而异，所以建议只用一种。

（2）步法

①特点 高压球一般采用身体侧向，以交叉步法快速移动。要使"杀球"成功，最重要的是用交叉步法；

②动作 高缓球一旦向上飞，首先后退右脚，身体转向侧面，然后配合高缓球的深度移动步法，这时候以交叉步法最适合。因为这时经常是整个体重都支撑在右脚，好处就是一旦挥拍，就能够顺利移动身体，但坏处是面向正前方身体往后倾的姿势。

（3）举拍

①特点 高压球举拍时要求迅速、简捷。看到高缓球飞上来，身体马上转向侧面，然后开始举拍。举拍时，行动要尽可能简捷、迅速，要在最短的距离扛起摆在身体前面的球拍。

②动作 看到高球往上飞的瞬间，就开始挥动摆在身前的球拍经过脸前，扛上肩膀。不要白费动作，要简捷而且迅速。这种举拍法，对付高高的高缓球时还可以，但是一碰到低飞高缓球，就很容易赶不及挥拍。

（4）挥拍击球

①方法 判断准击球点并移动到位后，以双脚为支撑向击球点方向蹬地、转体、收腹，继而挥拍击球。发力程序和感觉与发球相似，但击球点在能保证球过网的前提下，其位置越靠前越利于发力和控制球出手的角度，越靠前越具有杀伤性，这与发球时力争高点是不同的。到达击球点时身体应已完全面向对方，收腹的强劲势头也爆发于

此点。

②技巧　手臂挥拍动作与发球一样,有个搔背再迎击来球的过程,不要硬压大臂迎击高压来球,而是要将小臂和拍头甩出去。当然,在这里,"甩"的含义并不包括乱甩、乱动手腕,手腕的张弛适度对击任何球都是十分重要的,因为不合时宜的紧张将导致整个手臂的僵硬,任意乱甩又极容易使球失去控制。高压球不必过分苛求施加旋转,只要注重力量和一定的角度就足够了。

（5）随挥

高压球的随挥动作仍与发球类似,击球过后顺势将球拍收于持拍手异侧的腿侧就可以了。这在击球点比较合适的情况下比较容易做出来。如果击球点很靠后或很偏,不适合正常发力,那么随挥动作就有可能被强行的扣腕或旋腕动作所代替,这要求击球者具有良好的腰腹力量及手腕的控制能力。

注意事项

完成高压球需要注意的动作要点包括如下几条。

（1）动作要准确

高压球的动作与发球动作相似,握拍也与发球握拍相同。当对方挑高球时,应立即侧身转体并用短促的垫步向后退,同时侧身,持拍手上举至头部向后引拍,重心在两脚前脚掌上,后腿弯曲,随时准备扣杀。

（2）要领要明确

准备击球时,非持拍手上举指向来球的方向和高度,击球与发球时击球一样,击球点在右眼前上方。如果跳起高压,则用后脚起跳,转体、收腹,击球后用左脚着地,同时右脚向前跨,准备再上网截击。

（3）失误要避免

近网高压球击球点可偏前,便于下扣动作的完成,远网后场高压球的击球点可稍后些,击球动作向前下方挥击,以防下网。

12. 网球的挑高球技术

挑高球就是把球向高空挑起,这是在竞赛中对手占领了网前阵地、自己又无机会使球通过的情况下而使用的方法,以迫使对手退回后场,因此挑高球已成为网球运动中一项重要技术。根据挑高球的性质,挑高球可分为两种类型,即防守型与进攻型,可在两种不同情况下加以运用。

进攻性挑高球

（1）概念

进攻性挑高球又叫上旋高球,对付威力强大的网前截击型对手,使用强烈的上旋挑高球是"致命的武器"之一,它能打乱对手的网前战术,使对方既够不着又追不到,即使勉强打到高压球,也是软弱无力的,从而漏出空挡,给破网得分创造机会。

（2）动作

进攻性挑高球的动作要点如下:

①后屈　挑高球动作要尽可能和底线正、反拍上旋抽击球动作一样,完成拉拍动作时,要使手腕保持后屈;

②上旋　在挥拍击球时,拍面垂直,拍头低于手腕的位置,采用手腕与前臂的滚翻动作,由后下向前上挥拍,做弧线型击球动作,使球拍在击球瞬间进行擦击,以产生强力上旋,击球点在身体侧前方,重心落在后脚;

③跟进　击球后,球拍必须朝着自己设想的出球方向充分跟进,随挥动作要放松并在身体左侧结束。

防守性挑高球

（1）概念

防守性高球也称下旋高球,它飞行弧线高,比上旋高球更易控制,具有失误少的优点。在底线对打被对方打离场地时挑下旋高球,能赢得时间回到有利的位置,如果能掌握下旋高球,同样能不给对方在网前有扣杀的机会。

（2）动作

防守性挑高球的动作要点如下：

①一致　挑下旋高球和挑上旋高球一样，同样需要动作隐蔽，因此，它的握拍、侧身转肩、向后引拍应尽量与底线正、反拍击下旋球动作一致；

②柔和　击球时拍面朝上，触球是在球的中下部，由后下方向前上方平缓挥拍击球，似"舀送"动作的击球法，为了更好地控制球的高度和深度，尽量使球在球拍上停留时间长一些，动作要柔和；

③充分　随挥动作和与底线正、反拍击下旋球一样，跟进动作充分，结束动作高于上旋高球结束动作，面对球网，重心稍后。

注意事项

运动员在挑高球时，要注意以下一些方面：眼睛看球，动作放松；由低向高挥拍；进攻和防守要结合使用。

13. 网球的截击球技术

截击球是网前技术中的一种攻击性击球方法，在球落地之前，将球击回到对方半场区，它回球速度快、力量重、威胁大。一般说来，截击球技术包括中场截击、近网截击、低球截击和高球截击等。

中场截击

中场截击在网球训练及竞赛中，通常称为一拦，即第一次拦击。在实战中，发球上网或随球上网不可能直接冲至近网，上网途中在发球线附近有短促的停顿和重心转换，然后迎球作中场截击。

（1）特点

中场截击球落点、质量，直接影响到网前的得分，所以中场截击球在网前截击球技术中起着很重要的作用，中场截击一般站位于发球线中点附近。

119

（2）正拍

在网球运动中，使用正拍中场截击动作要点包括以下一些方面：

①后摆　面对球网，两脚分开与肩同宽，膝关节微屈，重心在两脚前脚掌上，在对方击球后，脚跟提起，转胯转肩，左脚向侧前方做45度角跨步，以转肩来带动球拍后摆，后摆动作不超过肩，肘关节微屈，手腕形成45度角，拍面略开；

②紧固　截击时手腕紧固，击球点在左脚尖的延长线上，以短促而有力的动作向前迎击来球，触球部位为球的中下部；

③跟进　由于中场截击球距离较长，所以击球后的跟进动作随着球的行进路线要稍长些，但不能太长，否则会影响下一段击球的准备动作，然后向网前迈进，准备近网截击或高压。

（3）反拍

在网球运动中，使用反拍中场截击动作要点包括以下一些方面。

①判断　准备动作与正拍相同。判断来球后，向左侧转肩转胯，同时左手托拍颈向后引拍，拍面略开至身体前面，后引动作不超过左肩。

②跨出　击球时右脚向侧前方45度角跨出，重心前移在后脚上，同时向前向下截击来球，击球点位于右脚尖前面，手腕固定，肘关节微曲，利用前臂与手腕向前下方击球。

③调节　击球后的跟进动作与中场正拉一样，稍长一些，随时准备截击下一板球。不论正拍还是反拍截击中场球，拍面应随着对方来球高度随时进行变化调节。截击中场高球，拍面应垂直向前向下击球，截击中场低球，拍面应打开些，击球的中下部向前搓顶过去。

近身截击

（1）特点

近身截击比正、反拍截击难度要大，这主要存在一个反应快慢及步法移动的问题，在对方朝两侧破网不成功时，往往会朝中路打来，如果准备不充分就会措手不及，近身截击处理或掌握不好，就会失去网前的主动权，因此需要运动员掌握好近身截击技术。

（2）动作

近身截击的动作要点如下。

①重心　准备动作与正、反拍截击动作一致,两膝微屈,面对球网,重心落在前脚掌上,拍子放在身前注视对手。

②横移　当球朝着偏正拍中路来时,左脚向左侧迅速横移一步,重心落在左脚上,右脚跟进同时转体侧身,球拍始终保持在身体前面。另一种方法是当球朝中路来时,右脚迅速向左后侧退一步,重心落在右脚上。如中路球朝偏反拍来时,动作准备要点与正拍中路球相同,步法则相反。

③固定　击球时手腕要固定并紧握拍子,根据来球高低向前或向下撞击球。

④位置　击球后的随击动作小,并迅速回到原来位置,准备截击下一板球。

近网截击

（1）特点

近网截击的站位比中场截击要靠前,位于发球线前 1 米至 1.5 米距离,它是在中场截击基础上的网前得分的主要手段。好的近网截击,判断落点准确,击球果断,能给对方以致命的一击。为使自己的技术水平更高,必须掌握好近网截击球技术。

（2）正拍

近网正拍截击动作要点如下。

①调整　判断清楚对方来球的质量,包括球速、球离网高度及球的角度,以便于迅速起动调整位置,控制拍面。若来球快而平,拍面应稍开,击球中下部,手腕紧固,以短促的动作向前向下顶撞来球。若来球快而高并略带上旋,拍面应树起垂直,击球中部,以短促的动作向下向前顶撞球,手腕紧固。

②转体　后摆动作小,身体重心向前,转体同时带动完成后摆动作,击球点在身体侧前方。

③距离　击球时左脚应向侧前方跨出,同时重心落在左脚上,肘关节与身体距离不应太远,以便顶住重球。

④准备　动作短促简单,随球动作小,并迅速准备下一板截击球。

（3）反拍

近网反拍截击球的动作要点如下。

121

①前期准备动作与近网正拍截击动作相同，要求重心向前，后摆动作小，根据来球高低，调整后摆拉拍高低。

②以肩和肘关节为轴，由上向下或由后向前顶撞击球，手腕紧固，以前臂发力控制落点。

③击球时右脚跨出，重心在后脚上，随击动作短小有力。

14. 网球的放短球技术

现在网球运动越来越受欢迎，放短球技术也受到了很多运动员的重视。

适用情况

在一般的情况下不放短球，只有在如下情况下才考虑放短球。

（1）位置

对手被迫退到底线后还击，打了一个温而浅的球，自己已经上到了网前的时候。

（2）重心

对手还击时身体重心失去平衡，尚未得以恢复，又重心倾向场地某一侧时，自己可向他的另一侧放一个短球。

（3）底线

自己在拦网或抢截网前球时，对手在底线附近或更后更远些的地方。

（4）短球

当自己处理一个较慢的脚下球时，为了缓解一下被动局面也可放一个近网短球。

动作要求

（1）战术技巧

虽然放短球的后摆动作不必很大，但要给对方一个印象，似乎自己正准备打一个深球。不管是打斜线球还是直线球，准备动作都是一样的。

（2）动作要求

放短球时，动作要尽可能隐蔽，使对方无法判断，后摆和前挥动作都跟正、反拍侧旋球完全一样，球拍在高球的飞行路线上及早地向后摆起。

（3）具体动作

放短球是在网拍接触的刹那放松手腕，用拍面轻轻地削击球的侧下部，拍面大约以 45 度的开角从球的侧下方向下滑动，使球产生侧下旋，似乎是把球铲过网去，摆放在网前，击球后没有随挥动作，球落地后弹起高度很低、距离很短。

15. 网球的反弹球技术

网球反弹球，它是一项由被动变主动的过渡性技术，主要是用来回击对着脚下打来的球，或在发球上网或随击球上网的冲上网途中，来不及到位打截击球面被迫还击刚从地面弹起的低球。

动作方法

针对近身反弹球，运动员在具体的击球过程中要做到以下几点。

（1）握拍方法

尽量用大陆式握拍方法击球。

（2）拍面方向

拍面的方向随反弹球的位置和远近而有所变化。一般离球网越近，拍面就稍向后仰；离网球越远，拍面就越接近竖直。

（3）球的位置

随挥球动作的大小，反弹球的位置也随之不同。一般离球网越近，随挥动作就越小越短；反之，随挥动作就越大越长。

（4）保持平行

击球时，手腕一定要固定、锁住，并且尽量让拍头不低于手腕，保持球柄与地面平行。

（5）重心前移

击球时，侧身对来球，跨出前脚，重心前移，并稳定肩膀，稍夹紧上臂。

（6）对球控制

从迅速降低重心准备击球开始，到保证反弹球的稳定性，切不可为了打出上旋球，而失去了对球的控制，造成击球下网的失误。

战略战术

将球打到离底线 0.3 米至 0.5 米的地方，用反弹球战胜对方，基本要领是，控制球的落点调动对方在底线来回奔跑，诱使对方露出破绽，一旦出现机会，马上给予致命一击。

（1）调动对方

这是反弹球的最基本战术。双方反手互拉强力上旋球，己方抢先变招，迅速回到正手，然后用正手拉强力上旋球于对方底线两边大角深处，不给对方上网及底线起板的机会，寻找机会突击。此时必须意识到自己的正手侧空挡，应随时做好准备。

（2）对角互抽

在反手的对角互抽时，先跑到占先区接球是想取胜者所希望的。取得胜利的最好方法也是最基本的方案，是在反弹球战中，当自己的机会来时，突然打直线球。

（3）攻击弱点

当反弹球战变得对自己有利时，可以抢先用正手打直线球。此时如果对方的回球质量不高，则立刻上网，用高质量的正手对角球取胜。

（4）对方失误

在连续对攻中，正手球和反手球都应集中打在对方的中线附近。相反地，当对方的球打在边角上时容易出界。这种战术适用于对底线对攻持久战非常有自信的选手。

易犯错误

（1）固定物挡

后拉拍幅度过大，造成来不及击球或击球点偏后。纠正方法：拍挥动时可在身后放一固定物挡住拦拍幅度。

（2）重心击球

没有充分做到屈膝弯腿，降低重心击球。纠正方法：准备时注意屈膝弯腿而不是屈上身，做动作时身体不要起伏太大。

（3）对准来球

拍触球瞬间，眼睛离开球，造成漏击或击不到拍子的"甜点"上。纠正方法：眼睛始终盯着球，拍子对准来球。

（4）交替进行

击球时手腕不够紧张，造成击球无力。纠正方法：注意击球时手腕紧固和放松的交替进行。

16. 网球的基本步法

网球运动中的步法不仅仅是奔跑打球，而且，良好的步法要求如同芭蕾舞演员的精确性、拳击手的反应及篮球运动员的善择时机。

正手击球步法

正手击球步法包括东方式正手击球步法、西方式正手击球步法等多种情况。

（1）东方式

东方式正手击球要充分利用身体重心的前后移动来打球，因此一定要保持向前迈步击球的步法，一般常采用关闭式步法，侧身迎接来球，击球前重心在后脚，击球时重心移至前脚。

（2）西方式

西方式正手击球，因为主要用转肩的力量来提拉上旋球，所以击球时重心落在后脚上，常采用开放式步法击球。

反手击球步法

反手击球步法包括单手、双手两种情况。

（1）单手反拍击球步法

单手反拍击球时，右脚要跨过左脚，保持背对来球，击球时重心在前脚。

（2）双手反拍击球步法

双手反拍击球，基本上有两种站姿。一种是侧对来球站立，一种是双脚对球网开放式站立。

击球移动步法

在竞赛中，很少有球直接送到运动员的身边，让运动员很舒服地不用调整步法即可击球。大多情况下，需要运动员不断地移动，迅速站稳，等待击球，因此场上的移动步法也是非常重要的，除了一般的跑动，常见的还有滑步法和左右交叉步法。

（1）滑步

常用于前后移动不太远的正反手击球。这里，请注意一点，滑步的同时，应提前引拍，最好做到保持向后引拍的姿势移动。具体的步法要点是，向前移动时，蹬出右脚的同时，向前跨出左脚，连续向前即形成前滑步步法；向后移动时，左脚后蹬的同时，向后迈出右脚，连续形成后滑步步法。

（2）交叉

多常用在两侧边线附近的来球。向右移动时，向右转体，左脚先向右前方跨出，交叉于右脚外侧前方，再跨出右脚，继续跨出左脚于右脚外侧，反复向右交叉移动，就是右交叉步步法。向左移动，方法与向右移动相同，左右脚方向相反，就是左交叉步步法。

发球步法

发球时，不论是在右区或在左区发球，都要保持右脚的脚尖指向右网柱，并且两脚尖的连线指向相应的发球区。开始挥拍前，重心在前脚，然后随向下向后的挥拍而同时将重心后移，再随着上举球拍向前蹬腿，利用重心前后移动的力量来增加发球速度。

另一种是后脚靠近前脚的发球步法，随着上举球拍的结束，准备向上击球时，让后脚靠近前脚，平稳地向前移动重心，保持双脚同时向上发力击球。

截击球步法

正手截击球，针对不同情况的来球，有 3 种步法。

（1）击球位置

恰好在正手击球位置的来球，同正手击球步法一样，向前跨出左脚，侧对来球迎击。

（2）击球步法

稍远离身体的来球，采用左脚跨过右脚的步法击球。

（3）重心前移

还有一种直接奔向身体的来球，要迅速后撤右脚，再顶住右脚用重心前移来挡击球。反手截击球步法与正手截击球步法相同，只是左右脚做相反动作即可。

高压球步法

高压球时一定要保持侧对来球，右脚与底线平行，左脚尖稍指向右网柱。常用的高压球步法有两种，一种是向后侧滑步法，一种是侧后交叉移动步法。

17. 网球的单打战术

战术必须建立在熟练和正确地掌握一定数量和质量的技术动作的前提下，通过球员在竞赛实践中，伺机在一定的时间和空间条件下，合理地、灵活地组合运用才能构成。

战术种类

单打战术的种类有上网型、底线型、综合型。

（1）上网型

积极创造一切机会和条件上网后，在空中截击来球，利用速度与落点变化造成对方还击的困难，甚至失误。这种打法积极主动，富有攻击性，但略带冒险性。果断是这种打法所必须具备的意志品质。上网型打法的常用战术有以下几个方面：

①发球上网　利用快速有力和落点多变的发球，强迫对方接发球难于主动发力，然后快速移步上网；

②随球上网　对打中，利用一板低而深的球，使对方难于发力，然后快速移步上网；

③接球上网　在判断准确、及时的基础上，接发球即击快深球或空挡，使对方失去主动权，然后迅速上网。

上网型打法应重视高压球技术，要求判断准、反应移动快；下拍坚决果断，落点好；保护后场的能力强。

（2）底线型

基本上保持在底线抽球（包括削球），利用球的速度、力量、落点和旋转变化出现机会时，偶尔上网。此打法原来偏于保守，较被动。近年来，在上网打法的影响下，产生了一种攻击性的底线打法，运用凶狠的底线双手抽球，使对方难以截击。此打法的要求具体如下：

①快速　积极快速，能攻善守；

②反击　正反拍无明显差异，掌握上旋抽击，能连续进攻，具备强有力的破网反击能力；

③上旋　能运用强烈的上旋高球，在快速中有"搏"一板的技术，具备处理小球和网前的能力；

④体力　体力好，步法快。

（3）综合型

底线和上网两种打法的综合运用。这种打法的技术特点和要求是：

①快速　积极快速，以攻为主；

②进攻　正反拍都能打加力的上旋抽球，有连续进攻能力；

③反击　能拉开对方，善于截击和高压球、落点好、破网反击能力强。

战术运用

网球单打战术的运用指的是战术在发球、接球等环节的适用。

（1）发球

在采用发球战术时，眼睛不要只看自己的球和球拍，应用余光注视对方的情况，找出薄弱环节。具体战术包括以下几个方面：

①发球的站位　发第一区时，尽量接近中点线，发直线球逼住对方反拍；发第二区时，站位可距中点线稍远，便于以更大斜线发到对方反拍区，扩大自己正拍防守区域；

②第一次发球　多用大力平击发球使对方接发球失误，或用切削发球、上旋发球打落点，发至对方防守较差的区域；

③第二次发球　重点在准确，力求凶狠，打落点，多用切削发球或上旋发球；

④上网的发球　分为大力平击发球和上旋发球后上网，但大力平击发球后，对方回球快，而且身体不易掌握平衡，常来不及上网，故利用上旋发球上网的居多。

（2）接发球

接发球虽然处于被动、等待的状态，但由于发球时受到规则诸多的限制，使发球不能给接发球者带来太大的威胁。发球者发球只能发到对角线的接球区内，而接发球者只需要防守半个不到区域，却可还击到对方整个场区。所以，接发球者若能处理好这一拍，也可取得主动权。

（3）逼反手

就所有的运动员而言，后场的反手击球总是或多或少地弱于正手击球，相对进攻性不强，球路也较简单，有的运动员还不能在后场用反手把球打到对方端线，所以对于对方的反手要毫不放松地加以攻击。具体战术包括以下两点：

①调开对方位置　使对方反手区露出空挡，然后把球打到反手区，迫使对方使用反拍击球；

②对较差的对手　后场反手较差的人，经常使用头顶击球、侧身击球、侧身弓击球来弥补反手的不足，由于头顶、侧身击反手区时，身体重心、身体位置要偏向左场区的边线，因而可以重复攻击对方的反手区，使其身体位置远离中心。

（4）压底线

用快速、准确的平高球打到对方后场两角，在对方不能拦截的前提下尽量降低球的飞行弧线，把对方紧压在底线，当对方回击半场高球时，就可以扣杀进攻。使用平高球压底线时，若配合劈吊和劈杀可增加平高球的战术效果。一般情况下，平高球的落点和杀、吊的落点拉得越开效果越好。

（5）过度球

首先要明确过度球是为了摆脱被动，为下一拍的反攻积极创造条件。处于被动时要做到以下几点。

①控制住身体的重心　争取时间调整好自己的位置和控制住身体的重心，从网前或后场底线击出高远球是被动时常用的手段。当处于不停地跑动追球的状态时，或身体重心失去控制时，都可以打出高远球，以赢得时间，恢复身体重心，调整自己的处境。

②打乱对方进攻步骤　利用球路变化打乱对方的进攻步骤，在接杀球或接吊球时要把球还击到远离对方的地方，以破坏对方吊、杀上网的连续快速进攻。如果对方吊、杀球后盲目上网，而自己的位置较好时，则可把球还击到对方底线。

（6）拉、吊结合杀球

此战术是把球准确地打到对方场区的四个角上，使对方每次击球都要在场上来回奔跑。使用这种战术时，对不同特点的对手要采用不同的拉、吊方法。

①后退　对于后退步法慢的可以多打前、后场；

②使用　对于盲目跑动满场飞的可使用重复球和假动作；

③转身　对于灵活性差的应多打对角线，尽量使对方多转身；

④反手　对于后场反手差的仍通过拉开后攻反手；

⑤消耗　对于体力不好的可用多拍拉、吊拉消耗其体力，然后战胜之。

（7）吊、杀上网

先在后场以轻杀、点杀、劈杀配合吊球把球下压，落点要选择在场地两边，使对方被动回球。对方还击网前球时，迅速上网贴网的搓球，或勾对角，或快速平推创造半场扣杀机会；若对方在网前挑高球，可在其向后退的过程中把球直接杀向他的身上。

（8）防守反攻

防守反攻是用于对付那种盲目进攻而体力又差的对手。竞赛开始，先以高球诱使对方进攻，在对方只顾进攻而疏于了自己的防守时，即可突击进攻；或者在对方体力下降、速度减慢时再发动进攻。

18. 网球的双打战术

双打竞赛，站位一般是正拍好的站右边，反拍好的站左边，理想的是一个右手握拍，一个左手握拍。

战术的类型

双打战术的类型包括一网前一底线型、双底线型等几种。

（1）一网前一底线型

采用此类型时，发球后双方采用斜线对攻，有机会时网前搭档抢网得分。

①发球者　通过发球为搭档创造得分机会，同时要负责底线球，可打斜线、直线和进攻性挑高球；

②接发球者　首先选择回斜线球，避免对方网前搭档抢网，其次选择打直线或挑高球，打乱对方的进攻；

③发球者搭档　根据发球落点，适时调整网前位置，盯住接球方，判断回球方向，及时上前抢网；可选择打接发球搭档的脚下或小斜线直接得分；

④接发球搭档　首先要提防发球者的直线和挑高球，同时要提防发球者搭档的抢网球，根据来球不断调整网前位置。

（2）双上网进攻型

发球方发球后上网，接发球方也采用积极的进攻型接发球上网，双方4人均来到网前，通过小斜线截击或其他方式得分。

①发球者　发出刁钻的一发后上网，在发球线处截击将球打到接发球方脚下，待接发球方回球时跟进到网前，在网前打出直接得分球；

②接发球者　选择进攻型的接发球，回到发球者脚下，同时迅速上网，在发球线处截击把球打到对方中间结合部，再来到网前，找机会打出得分球；

③发球者搭档　根据发球落点，适时调整网前位置，盯住接球方，判断回球方向，及时上前抢网，同时注意防守双打边线和单打边线之

间区域的直线穿越球;

④接发球搭档　在发球线附近,防守发球者搭档的截击球,同时要提防发球方第一次截击球,根据来球,来到网前打出小斜线或高压球得分。

（3）双底线型

当发球方发球速度快且角度刁钻时,接发球方全部退到底线防守,以破坏发球方的进攻,而发球方则发球后上网进攻,争取在网前得分。

①发球者　首要选择是发出刁钻的一发后上网,在发球线处截击将球推到接发球方的底线深部,待接发球方回球时跟进到网前,在网前打出直接得分球;

②接发球者　首先选择回斜线球,打到发球者的脚下,使其截击困难,择机打出直线穿越球或挑高球;

③发球者搭档　根据发球落点,适时调整网前位置,盯住接球方,判断回球方向,及时上前抢网,同时注意防守双打边线和单打边线之间区域的直线穿越球;

④接发球搭档　退到底线防守发球者搭档的截击球,同时要提防发球方第一次截击球,根据不同方向的来球,打出中路穿越球或挑高球。

（4）双上网防守型

由于在双上网进攻型中,2人太靠近球网,无法照顾到挑高球,因此该类型重点是接发球方接发上网后,只来到发球线附近,防守发球方的挑高球,且大部分球由此人处理,接发球搭档则伺机打出截击或高压球得分。

①发球者　发出刁钻的一发后上网,在发球线处截击将球打到接发球方脚下,待接发球方回球时跟进到网前,在网前打出直接得分球;

②接发球者　选择进攻型的接发球,回到发球者脚下,同时迅速上网,在发球线处截击,并把球打到对方中间结合部,同时防守对方打出挑高球,把得分机会让给网前搭档;

③发球者搭档　根据发球落点,适时调整网前位置,盯住接球方,判断回球方向,及时上前抢网,同时注意防守双打边线和单打边线之

间区域的直线穿越球；

④接发球搭档　在发球线附近，防守发球者搭档的截击球，同时要提防发球方第一次截击球，根据来球，来到网前打出小斜线或高压球得分。

（5）Ⅰ型

与双上网进攻型类似，只是发球者搭档蹲在网前发球中线处，使接发球方很难判断其抢网方向。发球后上网，接发球方也采用积极的进攻型接发球上网，双方4人均来到网前，通过小斜线截击或其他方式得分。

①发球者　发出刁钻的一发后上网，在发球线处截击将球打到接发球方脚下，待接发球方回球时跟进到网前，在网前打出直接得分球；

②接发球者　选择进攻型的接发球，回到发球者脚下，同时迅速上网，在发球线处截击把球打到对方中间结合部，再来到网前，找机会打出得分球；

③发球者搭档　蹲在网前发球中线上，盯住接球方，判断回球方向，迅速上前抢网，若没有抢到，则回到同伴另一侧网前，伺机打出网前截击或高压球得分；

④接发球搭档　在发球线附近，防守发球者搭档的抢网球，同时要提防发球方第一次截击球，根据来球，来到网前打出小斜线或高压球得分。

（6）澳大利亚型

此类型与双上网防守型类似，其主要变化是发球者和发球者搭档的站位，发球者一般站在底线发球中线处，而发球者搭档则站在同侧网前，接发球方无法斜线回球，只能回到直线或挑高球，发球后双方4人也来到网前，通过小斜线截击或其他方式得分。

①发球者　发出刁钻的一发后上网，来到搭档一侧的发球线处截击将球直线打到接发球方脚下，待接发球方回球时跟进到网前，在网前打出直接得分球；

②接发球者　选择进攻型的接发球，直线回到发球者脚下，同时迅速上网，或者打出斜线挑高球，来到发球线处截击，把球打到对

方中间结合部，再来到网前，找机会打出得分球；

③发球者搭档 站在发球者同侧发球线上，主要负责对方斜线穿越球或挑高球，有机会上前抢网；

④接发球搭档 在发球线附近，防守发球者搭档的截击球，根据来球，来到网前打出小斜线或高压球得分。

战术运用

网球双打战术的具体运用是指战术在发球、接发球等环节的适用。

（1）发球战术

发球战术包括站位、发球等几个环节。

①发球站位 发球者站在底线后面的中线与边线之间的一半处，比单打站位稍靠边线，因为另一边有同伴防守，同时可使发出的斜线球角度更大。

②第一发球 大力、凶狠、准确，掌握上网主动权。常用大力上旋球发对方反手区，压制其进攻力量和回击角度，也可用大力平击发球，迫使对方回击高球，以便上网扣杀。

③同伴站位 在离网2米至3米、离边线3米左右处，把守半边场区，伺机截击或高压击球。

（2）接发球战术

接发球战术包括站位、发球等几个环节。

①接发球站位 站在对方可能把球发到角度的分角线上。

②回击方法 平击、切削、旋转三种交替运用，使对方捉摸不定。球要过网低、角度斜、落点深。压制对方上网，利用时机自己上网。

③同伴站位 站在发球线附近，比发球者站得稍后一些，随时注意场上变化。

（3）网前竞赛战术

当4人均上网时，短兵相接，要求反应灵敏，动作迅速，有较高的技术水平。

①站位 上网位置约在离网2米至3米处，2人各站半场中间稍靠中线位置。这样站位，便于进退和防"中间球"。

②配合 同伴之间要配合，来球在2人之间，由正拍击球者回击；

球在2人之间，又是斜线球时，由距离近的运动员迎击；挑高球在2人之间，由正拍击球者进行高压；对方接发球回击过来的是中场球，由上网运动员争取截击，发球运动员随时准备补漏；情况复杂时，通过呼叫"我的""你的"互相照应；上网运动员左右移动时，底线同伴要移动补位。

③变化　灵活机动变化战术，竞赛中还要分析敌我情况，制订战术，以己之长，攻彼之短，灵活机动地变化战术，出奇制胜。

（4）底线竞赛战术

双打应争取机会上网，一旦被压在底线，只能考虑防守，伺机反攻，或诱使对方失误。可用挑高球，回击短而低的球，或打平直线球快速穿过对方中央场区，或运用侧旋直线球打对方两侧。

19. 网球的基本规则

网球竞赛分为单打和双打两种形式，球员用网球拍将球击过网，落入对方的场地，每位球员的目的都是尽力将球打到对方的场地上去，就这样一来一回，直至有一方将球打出界或没接到球。

发球规则

发球规则包括发球前、发球中等方面。

（1）选择权

第一局竞赛用掷钱币的方法来决定选择场区或首先发球权、接发球权。得胜者，有权选择或要求对方选择。选择发球或接发球者，应让对方选择场区。选择场区者，应让对方选择发球或接发球。

（2）发球前

发球员在发球前应先站在端线后、中点和边线的假定延长线之间的区域里，用手将球向空中任何方向抛起，在球接触地面以前，用球拍击球。球拍与球接触时，就算完成球的发送。

（3）发球中

发球员在整个发球动作中，不得通过行走或跑动改变原站的位置，两脚只准站在规定位置，不得触及其他区域。

（4）发球位

每局开始，先从右区端线后发球，得或失 1 分后，应换到左区发球。发出的球应从网上越过，落到对角的对方发球区内，或其周围的线上。

（5）球失误

发球失误包括：未击中球，发出的球在落地前触及固定物，违反发球站位规定。发球员第一次发球失误后，应在原发位置上进行第二次发球。

（6）球无效

发球触网后，仍然落到对方发球区内，接球员未做好接球准备；均应重发球。

（7）换发球

第一局竞赛终了，接球员成为发球员，发球成为接球。以后每局终了，均依次互相交换，直至竞赛结束。

交换场地

双方应在每盘的第一三五等单数局结束后，以及每盘结束双方局数之和为单数时，交换场地。

换球

一场竞赛在经过一定的局数之后要进行换球，如果没有按正常的顺序换球，那么就要等到下一次该由这名选手或双打中这一对选手发球时用新球来发球。在此之后的换球顺序仍然按照原先规定的局数进行。

连续竞赛和休息

竞赛应该从第一次发球开始直至竞赛结束连续进行。关于竞赛休息的规则如下。

（1）做好准备

如果第一次发球失误，发球选手应该立即进行第二次发球而不能有任何的拖延。接球选手必须跟着发球选手的步调来竞赛，并且应该在发球选手准备发球时做好接球准备。在交换场地的时候，从这一局的最后 1 分球结束时开始计算，到下一局的第一分球被击出时为止，最多有 1 分 30 秒的时间。

（2）意外伤害

竞赛不能因为 1 名选手要恢复他的体力、呼吸或身体条件而被推延、中断或干扰。但是，出现意外伤害的情况下，裁判员可以允许竞赛因为那次伤害而有一次 3 分钟的延缓。

（3）进行调整

如果出现选手不能控制的情况，比如服装、器材（包括球拍）存在问题使他不能继续竞赛，在选手进行调整的时候，裁判员可以延缓竞赛。

（4）延缓推迟

裁判员可以在任何需要和合适的时候延缓或推迟竞赛。

（5）活动时间

赛事的组委会有权决定竞赛开始前的准备活动时间，但是最多不能超过 5 分钟，并且要在赛事竞赛前进行宣布。

（6）条例决定

当使用经批准的罚分制和非累计罚分制时，裁判员将根据这些条例的内容来作决定。

（7）给予处罚

裁判员可以根据违反的情况在警告触犯选手之后，可以继续给予处罚甚至取消他的竞赛资格。

有效回击

网球竞赛中，下列情况属有效回击。

（1）场地

球触到了球网、网柱、单打支杆、网绳或钢丝绳、中心带或网带并且从上面越过后落在对方场地内。

（2）规则

无论是发球时还是回击球时，在球落到有效区内后又反弹或被风吹回过网时，该轮及击球的选手越过网击球并且没有违反规则的规定。

（3）有效

回击的球从网柱或单打以外落在有效的场地内，无论是高于还是低于球网的上部高度，即使触到网柱或单打支杆，也是有效的。

（4）球网

选手的球拍在击球后越过球网，而不是在球过网前击打并且回击有效时。

双打规则

网球分为单打和双打，在双打中有一些具体的规则。

（1）双打发球次序

每盘第一局开始时，由发球方决定由何人首先发球，对方则同样在第二局开始时，决定由何人首先发球。第三局由第一局发球方的另一球员发球。第四局由第二局发球方的另一球员发球。以下各局均按此次序发球。

（2）双打接球次序

先接球的一方，应在第一局开始时，决定何人先接发球，并在这盘单数局，继续先接发球。双方同样应在第二局开始时，决定何人接发球，并在这盘双数局继续先接发球。他们的同伴应在每局中轮流接发球。

（3）双打还击

接发球后，双方应轮流由其中任何 1 名队员还击。若运动员在其同队队员击球后，再以球拍触球，则判对方得分。

计分规则

计分包括得分和失分。

（1）得分

得分的计分方法包括如下几种。

①胜 1 局　每胜 1 球得 1 分，先胜 4 分者胜 1 局。双方各得 3 分时为平分，平分后，净胜 2 分为胜 1 局。

②胜 1 盘　一方先胜 6 局为胜 1 盘。双方各胜 5 局时，一方净胜两局为胜 1 盘。

（2）决胜局计分制

在每盘的局数为 6 平时，有以下两种计分制。

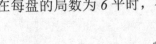

①长盘制　一方净胜两局为胜1盘。

②短盘制　决胜盘除外，除非赛前另有规定，一般应按以下办法执行：先得7分者为胜该局及该盘；首先发球员发第一分球，对方发第二、第三分球，然后轮流发2分球，直至竞赛结束；第一分球在右区发，第二分球在左区发，第三分球在右区发；每6分球和决胜局结束都要交换场地。

（3）短盘制的计分

短盘制的计分规则如下：

①第一个球　发球员A发1分球，1分球之后换发球；

②第二、三个球　由B发球，B连发2分球后换发球，先从左区发球；

③第四、五个球　由A发球，A连发两球后换发球后换发球，先从左区发球；

④第六、七个球　由B发1分球之后交换场地，若竞赛未结束，B继续发第七个球；

⑤决定胜方　比分打到5：5，6：6，7：7，8：8……时，需连胜2分才能决定谁为胜方。但在记分表上则统一写为7：6；

⑥交换场地　决胜局打完之后，已方队员交换场地。

（4）球员失分

如果出现以下情况，球员失分：

①回球过网　活球状态下，在球连续2次触地前不能将直接回球过网，除规则中的规定以外；

②场地界线　球员在活球状态下的回球触到了对方场地界线以外的地面、固定物或其他物体；

③击球失误　球员截击球失误，即使站在场地外面；

④球拍触球　球员故意用球拍拖带可接住处于活球状态中的球，或故意用球拍触球超过一次；

⑤触到球网　在活球状态下的任何时候，球拍及穿戴或携带的任何物品触到球网、网柱、单打支杆、网绳或钢丝绳、中心带或网带或者对手场地的地面；

⑥网前截击　在球过网前就截击;

⑦球触物品　活球状态下的球触到了除球员手中球拍以外的身体或其穿戴或携带的任何物品;

⑧抛拍击球　抛拍击球并且击到球;

⑨球拍形状　在竞赛进行中，故意改变了球拍的形状。

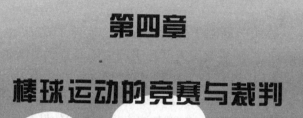

第四章

棒球运动的竞赛与裁判

1.棒球的发展历史

棒球运动可以追溯至 19 世纪的英国。经过 100 多年的发展，它已经普及到了全世界。

棒球的起源

据考证，棒球运动源于英国的板球。板球早在 14 世纪和 15 世纪就在英国盛行，并随着英国人开拓美洲大陆而传到美国东北部各地，被叫作圈球或垒球。到了 18 世纪时，这种球类活动在美国已相当普及。在此基础上，至 1839 年，美国人窦布戴伊组织了第一场与现代棒球运动十分相似的棒球竞赛。竞赛在波士顿队和纽约队之间进行。

1845 年美国人亚历山大·乔伊·卡特赖德制定了有史以来第一部棒球竞赛规则。规定的场地图形和尺寸至今仍沿用，并正式采用了棒球这一名称。其中多数规则条文迄今仍继续使用，棒球这一名称也一直沿用至今。因此，现代棒球运动源于英国而发展于美国。

世界棒球的发展

世界棒球首先兴起于美国。1839 年，美国纽约州古帕斯镇举行了有史以来的首次棒球竞赛。1860 年美国开始出现职业棒球运动员。1871 年美国成立了"全国职业棒球运动员组织"。1876 年该组织改名为"全国棒球联合会"。1881 年成立另一个全国性的职业棒球组织，即后来的"全美职业棒球联合会"。1884 年首次举行这两个组织间的冠军赛，即"世界棒球冠军赛"。此后，1910 年时任美国总统威廉姆·霍华德·塔夫脱正式批准棒球运动为美国的"国球"。

1873 年棒球由美围传入日本。日本职业棒球队创始于 1934 年。第二次世界大战后，棒球运动迅速在欧洲各国发展起来。现在棒球运动已在世界五大洲的 100 多个国家和地区中开展。

1937 年在美国成立了世界棒球协会，后改称为国际棒球联合会，是世界业余棒球运动的最高领导机构，总部设在美国，会员国（或地区）已由 20 世纪 70 年代的 50 多个增至目前的 113 个。1978 年国际棒球联合会得到国际奥委会的承认，并于 1994 年将总部设在瑞士洛桑。

中国棒球的发展

中国人打棒球的最早记载为中国工程师詹天佑在美国耶鲁大学留学时组织"中华棒球队"，此后从美国、日本归国的华侨及留学生把棒球带回祖国。

1895 年在北京汇文书院成立棒球队。1907 年北京汇文书院与通州协和书院之间进行竞赛，这是中国最早的一次棒球竞赛。1913 年开始由中、日、菲三国发起的"远东运动会"，历届都有棒球竞赛，中国曾多次派代表队参加。中华人民共和国成立前的全国运动会也有棒球竞赛，参加者多为学生。抗日战争期间，八路军在陕北、晋察冀等抗日根据地曾开展棒球运动。

1952 年中国人民解放军第一届全军运动会中有棒球竞赛的项目。1959 年第一届全运会上，棒球被列为正式竞赛项目。

1979 年中国棒垒球协会成立，各省、市也陆续成立分会，棒球运动在中国开始蓬勃发展起来。

中国棒球协会于 1981 年 3 月加入国际棒球联合会，1985 年加入亚洲棒球联合会。

2. 棒球的特点和作用

特点

（1）对抗性强

棒球运动是一种以棒打球为主要特点，集体性、对抗性很强的球类运动项目，被誉为"竞技与智慧的结合"，是一项集智慧与勇敢、趣味与协作于一体的集体运动项目。

（2）讲究战术

它动静结合，分工明确。队员之间既强调个人智慧和才能，又必须讲究战略战术，互相配合。

（3）主动配合

成员之间分工明确，责任清晰，又必须主动配合，相互服务，必要时为顾全大局，个人要甘于牺牲。

作用

蔚蓝的天空下，在茵茵的绿草上，把自己交给你的团队，运动员身边的队友就是你平时的同学、朋友，在充满趣味性的棒球竞赛中，运动员更能体会到信任、包容与鼓励的重要性。在棒球中，每个人都有作为掌控者的机会，有对自身的定位和对大局的判断，在火热的竞技对抗中，全身心地投入。在运动员尽情奔跑的时候，在运动员激励队员的时候，在运动员和大家一起讨论战术的时候，其实大家正在创造一个属于自己的奇迹。

3. 棒球竞赛的场地

竞赛场地是一个直角扇形区域，直角两边是区分界内地区和界外地区的边线。

规格

内场每边垒间距离为 27.43 米，投手板的前沿中心和本垒尖角的距离为 18.44 米，本垒后面和两边线以外不少于 18.29 米的范围内为界外的有效竞赛地区，两边线至少长 76.20 米，两边线顶端连接线的任何一点距本垒尖角的距离都不应少于 76.20 米。

本垒尖角后 18.29 米处应设置后挡网。网高 4 米以上，长 20 米以上。场地周围设置围网，高度 1 米以上为宜。

布置

场地应布置接手区、击球员区、跑垒指导员区、跑垒限制线、击球员准备区、野传球线、本垒打线和草地线。

（1）接手区

在本垒尖角后 2.44 米处画一条横线，线长 1.10 米，线的两端距本垒中心线各 0.55 米。然后，从两端向本垒方向各画一条与本垒中心线平行的线，与击球员区界线连接，这个区域叫接手区。

（2）击球员区

在本垒的左右两侧，各画一个长方形的击球员区。该区长 *1.82* 米，宽 *1.22* 米。两区相邻近的内侧界线各距本垒板边沿为 *0.15* 米，以本垒横中心线为准，击球员区前后部分各长 *0.91* 米。

（3）跑垒指导员区

在一、二垒及二、三垒垒线与边线相交的点以外 *4.57* 米处向本垒方向各画一条与边线平行的长 *6.10* 米的线，再在线的两端向场外各画一条长 *3* 米的垂直线，这三条线以内的区域为跑垒指导员区。在一垒一侧为一垒跑垒指导员区，在三垒一侧为三垒跑垒指导员区。

（4）跑垒限制线

由本垒和一垒的中点和沿边线至一垒后 *0.91* 米处各向场外画一条长 *0.91* 米的垂直线，并将两垂直线的终点连接在一起，就是跑垒限制线。这条线和边线所构成的长条区域就是跑垒限制道。

（5）击球员准备区

在本垒尖角 *3.96* 米处向本垒纵向中心线两侧各量 *11.28* 米，并以该处为圆心各画一直径为 *1.52* 米的圆圈，此圈就是击球员准备区。

（6）野传球线

距两条边线外至少 *18.29* 米处，各画一条与边线平行的线，该线一端与后挡网相连，另一端与本垒打线和边线末端相交的延长线相连，此线是野传球线，用以区分界外竞赛有效地区和无效地区。

（7）本垒打线

以二垒垒位中心为圆心，以圆心到边线顶点的距离为半径，画一弧线与两侧边线末端相交，此弧线即为本垒打线，作为判断本垒打的标志。

（8）草地线

在草皮场地上，以投手板前沿中心为圆心，以 *28.93* 米为半径，在界内连接两边线所画弧线，即为草地线。此线以外的外场地区为草地，以内为土地。

4.棒球竞赛的器材

棒球竞赛器材包括球、球棒、本垒板等。

棒球

棒球以圆形软木、橡胶或类似物质作球心，绕以麻线，再以两块白色马皮或牛皮包紧平线密缝而成。球面应平滑，重量为 *141.7* 克至 *14.8* 克，圆周为 *0.229* 米至 *0.235* 米。

球棒

呈圆柱形，棒面必须平滑无截面接头。金属棒的两端必须密封，握棒部分的棒帽末端直径可为 *0.0245* 米，棒长不得超过 *1.07* 米，最粗处直径不得超过 *0.07* 米。为便于握棒，从握棒的一端起至 *0.457* 米的长度内，可用布条、胶布带或橡胶包缠。

本垒板

用白色橡胶制作，呈五角形，应固定在地上与地面齐平。本垒板尖角两边应与一垒和三垒边线外沿交角叠合。

垒包

（1）规格材料

一、二、三垒垒包均为 *0.381* 米见方、厚 *0.076* 米至 *0.127* 米的白色帆布包。一、三垒垒包应整个放在内场，二垒垒包的中心放在两垒线的交叉点上。垒包内装棕毛等细软物。垒包应钉牢在地上。

（2）钉置方法

垒包钉置的方法：比较简单的方法是用十字帆布带和带钩的长钉固定。在垒包的正中下面用带钩的长钉，在约 *0.3* 米处钩好扎牢，并将长钉钉入地下，以便滑垒时垒包不致移动，但可以转动，同时也可避免碰伤。

投手板和投手区

投手板用白色橡胶制成。板长 *0.61* 米，宽 *0.15* 米。投手板周围应有 *0.864* 米宽、*1.52* 米长的平台。投手板应与平台齐平。投手板和

平台置于高出地面 *0.25* 米、直径为 *5.48* 米圆形土墩内的投球区，圆心在投手板前沿中心正前方 *0.46* 米处，投手板前的斜坡应为平台前沿起向前 *1.83* 米，每向前 *0.305* 米降低 *0.0254* 米，然后向四个垒位逐渐倾斜并与之齐平。

队员席

一垒及三垒两侧各设一个队员席，设于距两边线至少 *18.29* 米的野传球线外侧。队员席上面应安置顶棚，背后和两侧都应是封闭的。

竞赛装备

棒球竞赛的装备主要包括服装、手套、护具等。

（1）服装

竞赛时，同队队员应穿着式样和颜色整齐一致的竞赛服装，包括内衫和外露部分。服装上不得有闪光的纽扣或附饰物，服装上衣背面应有不小于 *0.152* 米的明显的号码，上衣和裤子的号码要一致。队员穿着与同队队员不一样的服装不得参加竞赛。每队应有深浅不同的两套服装，先攻队穿深色，后攻队穿浅色。

（2）手套

棒球竞赛中的手套有多种，主要有接手手套、一垒手手套等。

①接手手套　接手所用的连指手套，周长不得超过 *0.965* 米，上下端不得超过 *0.394* 米；虎口的上沿不得超过 *0.152* 米，下沿长不得超过 *0.102* 米，上下沿长不得超过 *0.152* 米。虎口处可用整块的皮革缝制，也可用皮条编成，但不得编成网兜状。手套重量不限。

②投手手套　投手所用的手套包括皮条、缝线和指蹼都必须是同一种颜色，而且不得为白色或灰色。手套上不得有任何与手套颜色不一样的附饰物。

③一垒手手套　一垒手所用的分指手套或连指手套上下端不得超过 *0.305* 米，掌面上部宽不得超过 *0.203* 米，虎口上沿长不得超过 *0.102* 米，下沿长不得超过 *0.089* 米，上下沿长不得超过 *0.127* 米。虎口处可用整块的皮革缝制，也可用皮条编成，但不得编成网兜状。手套重量不限。

④分指手套　连指手套限接手和一垒手使用，但任何队员都可

使用分指手套。分指手套重量不限。

（3）护具

接手必须戴护帽、护面、护胸和护腿。击球员和跑垒员都要戴带有护耳的护帽。

5. 棒球的参赛人员

棒球竞赛的球场呈直角扇形，有 4 个垒位，分两队竞赛，每队 9 人，两队轮流攻守。

防守队员

棒球防守位置有投手、一垒手、二垒手、三垒手、游击手、左外场员等。

（1）投手

投手是棒球竞赛中，防守方负责投球供进攻方打击手打击的球员，通常被视为主宰竞赛胜负的灵魂人物。只要不违反规则，投手可采用任何一种姿势来投球。在记录逐局竞赛过程时，通常以数字 1 来代表投手这个守备位置。

（2）捕手

捕手是职业棒球竞赛中负责接住投手投球及接捕本垒附近的击球，有所谓"场上的教练"之称，也是大家公认球场上最辛苦的选手。捕手在记录竞赛过程时，通常以数字 2 来代表捕手这个守备位置。

（3）一垒手

一垒手指的是在棒球或垒球竞赛中，负责防守一垒的球员。其职责在于接捕一垒附近的击球，以及接捕守备球员的传球来促使击球跑垒员出局。

一垒手相对于其他内野手，守备较为轻松，因此过去通常由打击能力较好的球员来担任。但现代棒球由于左打球员增加，一垒手不再是个不重防守的守备位置了。内野的守备球员中，由于受传球方向的限制，仅有一垒手是适合左撇子球员防守的位置。

在记录逐局竞赛过程时，通常以数字 3 来代表一垒手这个守备位置。

（4）二垒手

二垒手通常守备位置在一、二垒之间，是个需要灵活身手的守备位置。平时除了接捕击球，也必须时常跑动到二垒以接捕其他守备球员的传球，与游击手相似，由于现代棒球左手击球员的增加，二垒手的重要性开始与游击手不相上下。

在记录逐局竞赛过程时，通常以数字 4 来代表二垒手这个守备位置。

（5）三垒手

三垒手指的是在棒球或垒球竞赛中，负责防守三垒的球员，其功能是接捕三垒附近区域的击球及接捕其他防守球员的传球，促使打击者或跑垒者出局。

在记录逐局竞赛过程时，通常以数字 5 来代表三垒手这个守备位置。

（6）游击手

游击手通常守备位置在二、三垒之间，也是个需要灵活身手的守备位置。平时除了接捕击球，也必须时常跑动到二垒以接捕其他守备球员的传球。由于右手击球员多，因此击到二、三垒间的球相对较多，所以这是个需要稳定守备能力的防守位置。游击手由于传球距离较长，通常也需要良好的臂力，广大的守备范围与脚程更是不可或缺，通常游击手是所有内野手中守备能力最优异的。

在记录逐局竞赛过程时，通常以数字 6 来代表游击手这个守备位置。

（7）左外野手

左外野手是在棒球或垒球运动中负责防守左外野的选手。由于在一般情况下，打者多是右打者，因此从理论上击向左外野的球会比较多，因此左外野手必须由有扎实的防守功底的球员来担任。在必要的时候，左外野手也负责三垒的补位或防止三垒的漏接球。

实际上在现今的棒球竞赛中，左外野手一般被视为三个外野手中守备能力较差的，因此通常由被认为与其他外野手相较守备能力较不理想，但具有长打能力的选手担任。

在记录逐局竞赛过程时，通常以数字 7 来代表左外野手这个守备位置。

（8）中外野手

中外野手是棒球和垒球活动防守中外野的球员。一般而言，中外野手是外野手中守备范围较大的，所以通常会由脚程快、接球判断能力好的选手来担任。在捕手将球传往二垒时，中外野手也必须于二垒后方补位以防止漏球。

在记录逐局竞赛过程时，通常以数字 8 来代表中外野手这个守备位置。

（9）右外野手

右外野手，顾名思义，即于棒球竞赛中防守右外野的选手，主要负责接捕打向右外野及右边界外区的飞球、处理右外野方向的安打球，尽可能减少攻击方所推进的垒包数，必要时也需要协防中外野。

由于攻击方在垒上有跑者时，击出安打球便可能一举进占好几个垒包，外野手必须积极处理并回传内野，以防跑者进占更多的垒包，因为右外野手距离三垒与本垒都很远，故右外野手通常是由球队中臂力最佳的外野手担任，有助于长传阻杀或威吓跑者使跑者不敢再进占垒包。

在记录逐局竞赛过程时，通常以数字 9 来代表右外野手这个守备位置。

（10）内野手

内野手是棒球中的防守位置，顾名思义是指防守内野的球员，一般而言，内野手包括一垒手、二垒手、三垒手、游击手 4 个位置。广义的内野手，则包含投手及捕手。

内野手最重要的防守工作，便是将打者打出的滚地球、平飞球挡在内野，不使之进入外野形成安打，并将之传往各垒包杀掉打者或跑者。因此，除一垒手之外，都必须有不错的直线传球能力。由于各内野手位置的特性不同，一般将球队中擅长守备的球员放在游击手及二垒手，而一垒手及三垒手则安排击打能力较强的选手。

进攻队员

攻队入场击球的队员叫击球员。合法击出界内球时，该击球员应击跑垒，称为击跑员。击跑员安全进入一垒后，即称为跑垒员。

（1）击球员

棒球竞赛中，进攻方上场担任打击任务的球员称为击球员。击球员必须手握球棒站在本垒两旁的其中一个打击区内，设法将防守方投手所投的球击出，以便上垒。如能经过一垒、二垒和三垒，最终回到本垒，即可得分。击球员若无法得分，则有可能出局或形成残垒。

有人称击球员为打击手，但打击手这个说法并非正式用语。

（2）跑垒员

跑垒员，又称作跑者，指已攻占在垒包上的攻击球员，跑垒员于进垒时应采顺时针方向触踏一垒、二垒、三垒及本垒，才算得分。若被迫返垒，须依逆时针方向顺序返回。

（3）击跑员

即球员在完成打击之后，尚未到达一垒，也未被判出局的球员。

队员的替补

在竞赛成死球局面时，替补队员可以随时上场替补，参加竞赛。

（1）一般替补

①替补1人　替补队员可替补本队"上场队员名单"上所列任一队员，并按被替补队员的击球次序击球。被替补队员退出竞赛后除可担任跑垒指导员外，不得再次上场参加本场竞赛。

②替补2人及以上　如果有2人或2人以上的防守队员同时替补时，教练员必须在队员上场前将每个队员的击球次序向司球裁判员说明，并由司球裁判员通知记录员备查。如果没有说明，司球裁判员有权指定替补队员的击球次序。

原投手在同1局中仅限于担任一次非投手的防守位置。

（2）跑垒员的替补

竞赛时，不得由"上场队员名单"上所列的开场队员代替本队其他队员跑垒。

（3）投手的替补

①投手　在交给司球裁判员的"上场队员名单"所列投手有投球至第一个击球员或其替补击球员完成击球任务的义务，除非由于受伤或生病，司球裁判员认为其不能参加竞赛。

②替补　替补投手要向击球员及其替补员、击球员继续投球，直至他们完成击球任务或一局结束交换攻守时方可被替补。

③错误　若投手的替补发生错误，裁判员应即指出，改由正确的投手投球直至完成规则规定的任务。如错误的替补投手没有更换而已向击球员投球，则所形成的一切局面均为合法。错误投手　经投出第一个球或者任一跑垒员被判出局，则该错误投手成为合法投手，其之后进行的竞赛为有效。

（3）未经裁判允许的替补

未经裁判员宣告而更换球员如有下列任一情况时，均承认为已出场竞赛即视为合法替补，所进行的攻守活动均有效：

①踏触　替补投手已踏触投手板时。

②进入　替补击球员已进入击球区时。

③到达　替补守场员已到达被替补队员通常防守的位置并开始竞赛时。

④垒位　替补跑垒员已到达被替补跑垒员所在垒位时。

6. 棒球的裁判人员

正式竞赛需 4 名裁判员，1 人为主裁判，其余 3 人为司垒裁判。

资格与权限

（1）产生

竞赛所需裁判员应由协会主席或主办单位指派。

（2）职责

裁判员的职责在于使竞赛按照竞赛规则进行，并负有维护竞赛场上的纪律和秩序的责任。

（3）其他

每一位裁判员对棒球规则没有明确规定的事项有权根据自己的判断作出最后的裁定。

（4）处罚

裁判员对于拒绝执行裁判员的判定、做出或使用违背体育道德的行为或语言的任一队员、教练员、主教练员或替补队员有权取消其竞赛资格并令其退出竞赛。如果裁判员命令退出竞赛的队员正在进行攻守活动，则待攻守活动结束后立即令其退出竞赛。

（5）管理

裁判员有权命令场上的工作人员、场地工人、摄影记者、新闻记者、广播人员等退出竞赛场地，也有权命令进入场地的观众或其他人员退出竞赛场地。

裁判员的判定

（1）判定的效力

裁判员根据判断所作出的任何判定，例如击出的球是界内球还是界外球、投球是好球还是坏球、跑垒员是安全还是出局等都是最后的判定。任何竞赛队员、教练员、主教练员及其替补队员均不得对上述判定提出异议。

（2）争议的处理

教练员或主教练员如认为裁判员作出的判定与规则相抵触时，可向作出该判定的裁判员提出抗议，并可要求按规则更正其判定。

（3）抗议的效力

抗议一经提出，作出判定的裁判员在作最后判定前可征求场上其他裁判员的意见。任何裁判员如不是应其他裁判员的请求，不得对其他裁判员的判定提出批评或进行干预。

（4）更换的限制

除非裁判员突然受伤或生病，否则在竞赛进行中不得调换裁判员。

一人或多人裁判

（1）一个裁判员

如果由1人担任裁判员，他可全权执行规则。他可以站在他认为合适的地方执行裁判任务。他可以站在接手后面，垒上有跑垒员时也可站在投手后面。

（2）两个及以上裁判

如果有 2 人或 2 人以上担任裁判员，应指定其中 1 人担任司球裁判员，其他人则担任司垒裁判员。

司球裁判员及其他裁判员的任务

（1）司球裁判员

司球裁判员通常站在接手后面进行执法工作，其职责如下：

①负责全场竞赛，执行有关竞赛进行的权限与义务；

②宣判投球是好球还是坏球及击数和球数；

③宣判界内球或界外球，但应由司垒裁判员宣判者除外；

④对击球员作出判定；

⑤作出除规定由司垒裁判员判定以外的一切判定；

⑥裁定竞赛是否弃权；

⑦如竞赛时间有限制，应在竞赛开始前向竞赛双方宣布；

⑧将正式的上场队员名单通知正式记录员，如击球次序或防守位置有变更时应通知正式记录员；

⑨宣布临场规则。

（2）司垒裁判员

司垒裁判员在场上可选择任何他认为最适合于垒上活动作出迅速判定的位置执行裁判任务。其职责如下：

①对垒上发生的一切攻守活动作出判定，但特别规定由司球裁判员作出裁定者除外；

②对暂停、投手犯规、不合法投球或磨损、污损球面等判定与司球裁判员有同等权力；

③尽一切努力协助司球裁判员贯彻执行规则。除不得宣布竞赛弃权外，司垒裁判员在贯彻执行规则和维护竞赛纪律方面拥有与司球裁判员同样的权力。

（3）其他职权

如果同一攻守行为由 2 名以上的裁判员作出不同的判定时，司球裁判员应立即召集所有裁判员研究。这时，任何队员、教练员或主教练员均不得在场参与。要就谁是最适于作出裁定的裁判员、哪个判定比较正确等进行研究。然后，由司球裁判员作出最后判定并加以宣布。竞赛就按此判定继续进行。

7. 棒球的相关术语

棒球虽然在中国开始逐渐发展起来,但它的普及程度还不是很高,因此很多人对棒球里的一些术语还不是非常了解。

触击球

有意等球碰棒或用棒轻触来球，使球缓慢地滚入内场的击球叫"触击球"。

抢分触击

在二出局前，三垒有跑垒员抢进本垒得分的进攻战术叫"抢分触击"。

牺牲打

击球员牺牲自己安全上垒的权利而使跑垒员进垒得分的击球叫"牺牲打"。牺牲打根据击球方法不同又分为"腾空球牺牲打"和"触击球牺牲打"。

内场腾空球

二出局前，一、二垒或一、二、三垒都有跑垒员时，击球员合法击出的落在内场或内场附近，而守场员包括外场手又能轻易接住的界内腾空球（平直球和用触击法击出的腾空球除外）叫"内场腾空球"，判击球员出局，继续竞赛。

安打

凡守场员并无失误而安全上垒的击球叫"安打"。安打按安全到垒的多少分为"一垒安打""二垒安打""三垒安打""本垒安打"。

四球上垒

击球员击球时得了四"球"而安全进到一垒的判定叫"四球上垒"。

滑垒

跑垒员身体贴地滑动的占垒动作叫"滑垒"。

滑出垒位

攻队队员除从本垒进入一垒外，凡因滑垒过头而离开垒位的行为叫"滑出垒位"。

再踏垒

跑垒员按规定合法返回并踏触原占垒位的行为叫"再踏垒"。

离垒过早

跑垒员在守场员接触腾空球前离垒的跑垒行为，叫"离垒过早"。

被迫进垒

跑垒员由于击跑员上垒被迫放弃原占垒位而向下一垒位前进的跑垒行为叫"被迫进垒"。

偷垒

跑垒员在投入起动投球时迅速抢进下一垒位并获得成功的跑垒行为叫"偷垒"。

接杀

守场员把击球员击出的腾空球或平直球在落地前合法接住，或接本队守场员的传球而使击跑员或跑垒员出局的防守行为叫"接杀"。

接住

守场员没有用帽子、护具或运动服装的任一部分来接球，而是在球落地前牢固地把球握在手套或手中的防守行为叫"接住"。

投杀

击球员被判三"击"而取消其继续击球的权利的投球行为叫"投杀"。

触杀

守场员用手套或手牢固地将球握住，同时以所持的球或持球的手或手套碰触跑垒员的身体使其出局的防守行为叫"触杀"。

传杀

守场员传球以协助本队其他守场员完成接杀击跑员或跑垒员的任务的防守行为叫"传杀",也叫"助杀"。

传球

守场员用手或手臂把球送到既定目标的防守行为叫"传球"。传球与投手向击球员的投球应予区别。

平局竞赛

裁判员宣布两队得分相等的有效竞赛叫"平局竞赛"。

暂停

裁判员按规定暂时中断竞赛时所宣布的口令,此时场上成死球局面。

碰触

触及场上队员或裁判员身体、衣服或其用具的任一部分叫"碰触"。

三杀

守队队员防守无失误而将攻队 3 名队员连续传杀出局的防守行为叫"三杀"。

阻挡

守场员没有持球,也不是在接球,而是在阻挡跑垒员进行垒的行为叫"阻挡"。

活球

继续竞赛,攻守有效的击球、传球、接球或投球叫"活球"。

死球

暂停竞赛的击球、传球、接球或投球叫"死球"。这种暂停竞赛的局面叫"死球局面"。

申诉

守队队员要求裁判员对攻队队员的犯规行为判以出局的行为叫"申诉"。

轴心脚

投手踏触投手板投球时作轴的脚叫"投手的轴心脚"。

自由脚

投手投球时不作轴而做伸踏动作的脚叫"投手的自由脚"。"自由脚"也叫"伸踏脚"。

不合法投球

违反规则的投球叫"不合法投球"。

促请裁决

棒球竞赛名词，守备的球员向裁判指出进攻选手违规的行为以达到让他出局的目的。

上垒率

上垒率是现代棒球最重要的数据之一。而其计算公式为（安打＋四坏球＋触身球）／（打数＋四坏球＋触身球＋高飞牺牲打），上垒率代表一个球员能够上垒而不是出局的能力。要注意的是，公式中的四坏球和触身球，统称为"保送"。上垒率和打击率的最大差别就在于保送，而保送多寡和球员的选球能力高低有很大的关系。

8.棒球的传球技术

传球要用食指、中指及拇指持球。传球和投球一样，前脚要指向目标，传出时注意甩腕，投传后要把前送和跟进动作做完。

侧手传球

侧手传球适用于较短距离传球，即20米以内和需要快速出手时。

（1）特点

侧手传球的特点有以下四个方面：

①用力　以肘关节用力为主；

②腰部　接球点在腰部以下时采用；

③幅度　传球动作幅度小，球路平直和侧旋，易传偏；

④传杀　多用于"双杀配合"或较近距离的传杀。

（2）动作

侧手传球要注意以下一些要领：

①目标　接到球后，眼睛马上注意传球目标；

②重心　重心起伏要小，上体稍向右倾；

③转髋　传球时，要先转髋，这样不易传偏；

④轨迹　右手臂的轨迹在肩腰之间，能够与地面平行。

下手传球

适合近距离的传球，即 15 米以内和需要快速出手时。

（1）特点

下手传球的特点有以下几个方面：

①用力　以手腕、手指用力为主；

②幅度　传球动作幅度更小，速度快；

③时机　接慢速的滚球时采用；

④运用　球路由低至高，有侧上旋，运用时要注意。

（2）动作

做下手传球要注意以下一些要领：

①目标　接到球后，眼睛马上注意传球目标；

②方向　左肩对准传球目标；

③重心　上体保持前俯的接球姿势，重心绝对不能起来，保持平稳；

④垫步　传球时，距离较远，可垫一步，否则就不用垫步；

⑤用力位　右手臂的轨迹从后摆开始，动作由下至上的快速鞭打动作，主要是手腕用力；

⑥接投点　接球点最好在右脚前方，出手点在左膝关节处。

反手抛球

反手抛球适合相当近距离的传杀（5m 左右）。

（1）特点

反手抛球的特点有以下两个方面：

①用力　以手腕、手指用力为主；

②球速　动作简练、球速较慢、球转速也较慢。

（2）动作

反手抛球的技术要领有以下四个方面：

①目标　接到球后，眼睛马上注视传球目标；

②方向　上体右侧（右肩）对准传球方向；

③掌心　右手臂引球时，屈肘于体前，掌心向下；

④抛球　利用重心移动并靠手的微力将球抛出。

前交叉步反手抛球

前交叉步反手抛球适合相当近距离的传球，即 5 米以内。

（1）特点

前交叉步反手抛球的特点有以下四个方面：

①用力　以手腕送球用力为主；

②球性　球速较慢，球几乎不转动；

③配合　多适用于二垒手的双杀配合；

④简练　动作简练。

（2）动作

做前交叉步反手抛球时，要注意以下一些方面：

①提起　接到球后，上体顺势提起；

②目标　左腿顺势作向右的前交叉步法，并指向传球目标，这时上体正面也指向传球目标；

③掌心　这时，右手臂的手腕右转，掌心向上，靠掌心和指根将球送出；

④重心　重心由右脚移到左脚。

正手抛球

正手抛球适合更近距离的传球，即 7 米以内。

（1）特点

正手抛球的特点表现为以下三个方面：

①用力　以掌心或指根推力为主；

②球速　动作更简练、球速更慢、球不旋转；

③球路　易控制球路。

（2）动作

做正手抛球时，运动员要注意以下一些要领：

①跑动　接到球后，顺势跑动几步，两手马上分开；

②目标　上体正对传球目标，右手臂引球于体侧；

③前摆　右手臂稍直，臂由手径下向目标前摆，动作要柔和、轻巧；

④跟进　球出手后右腿要顺势跟进。

肩上传球

肩上传球适合中、远距离的传杀，如接力、外场转向内场、垒间传等。

（1）特点

肩上传球的特点有以下一些方面：

①顺序　以肩为固定点，用力顺序为：肩、肘、腕、手指，最后为中指；

②运作　用力方式符合人体结构、运作自然，不易受伤；

③球路　球走直线，易接。

（2）动作

肩上传球时，运动员要注意以下一些要领：

①方向　接到球后，右脚马上垫步，使右脚、伸踏脚、左肩、两眼对准传球方向，重心在右脚上，右腿微曲；

②低点　接到球的同时马上取球，右臂后摆，使球落到最低点，手背朝前，整个右臂微曲；

③弯曲　左后臂自然弯曲置于左侧，手套向后；

④连线　左脚向传球方向伸踏，使左脚落点处在传球目标和右脚趾间构成的连线上；

⑤着地　当左脚内侧一着地，右脚马上蹬伸、转髋、送髋、转腰、转体，稍挺胸；

⑥发力　同时右手臂提肘、肘外伸、送肘、腕后曲，掌心向上，形成肩—肘—腕—手指依次向后，并依次发力，鞭打出手，最后球从中指切线方向出手。另外，球出手时前肘部至少和肩同高；

⑦重心　这时重心由右腿过渡到左腿，右手臂垂直地面随摆，左手的手套贴于前胸处，同时右肩对准传球方向，最后进入防守状态。

退后跳传

退后跳传在向右侧快速跑动接反弹球时采用。

（1）特点

退后跳传的特点有以下一些方面：

①时机　需要快速处理局面时采用；

②双杀　多用于双杀；

③距离　传杀距离 10 米至 15 米。

（2）动作

退后跳传的技术要领有以下一些方面：

①调整　接到球后，迅速调整步法和分手引球；

②支撑　以左腿为支撑腿；

③目标　当左脚一落地，迅速转体面向传球目标，利用退后跳起的惯性，马上将球传出；

④平衡　球传出后，右脚迅速落地，保持平衡。

9. 棒球的接球技术

接球和传球是防守技术的统一体，两者不能分开。没有传球，就谈不上接球；没有接球，也谈不上传球。接球是为了传球，有传球则必有接球。

准备姿势

（1）防守位置

先选好自己的防守位置。

（2）动作姿势

两眼注视投手，投手踏板暗号时，两腿半蹲，两膝略内扣，两脚左右开立，两手撑膝盖。

（3）准备出击

投手投球动作开始,两眼注视击球员,重心进一步下降。身体前倾,臀部略提起,脚跟离地,下肢保持一定紧张状态,如同受压的弹簧,一触即发,两手自然下垂。

（4）身体前移

投手投球出手,内场手可向前走一两步碎步,这有利于接各种来球和启动。

（5）撑触膝盖

外场手两手撑触膝盖即可,不一定要两手下垂。

接球的手法

以左手接球为例,接球的手法如下。

（1）五指朝上

五指朝上接球适合腰部以上的来球。

（2）五指朝下

五指朝下接球适合腰部以下的来球。

（3）五指朝前

五指朝前接球适用前伸接球。

（4）五指朝后

五指朝后接球适用于接过头球或背后球。

（5）五指朝左

五指约与地面平行,适合单手接左侧较远的来球,用正手接。

（6）五指朝右

五指约与地面平行,适合单手接右侧较远的来球,用反手接。

基本技术

以左手接球为例,根据来球方向、球路、接球基本技术接高飞球、接地滚球、接平直球。

（1）接高飞球

①球点　弧度大的来球,接球点在左额前方;弧度小的来球正对太阳时,注意双手遮住阳光,同时眼睛观察球路和落点,外场手可戴专门的太阳镜。

②手法　手套五指朝上，双手拇指相靠，右手注意护球。接球前瞬间两手要主动前伸迎球接；接球的同时右手要翻腕护球并缓冲和取球，左手要夹紧球。

（2）接地滚球

①球点　接球位置是以自己的左右脚和接球点来设定三角形，左右脚的连接线为底线，就在三角形的顶点位置接球，并且接球点与眼睛应在一条垂直线上。

②手法　手套五指朝前，指类触地，两掌根相靠，右手张开注意护球。接球前的瞬间两手要主动前伸接球，接球同时右手要盖球、缓冲、取球，同时两肘稍内收，不能外展。

③步法有两类。

内场手接地滚球步法：

两脚跨在球前进方向两侧，比肩稍宽，先定轴心脚，后定伸踏脚，两节关节弯曲90度并稍外展，稍提臀，重心压在两前脚掌上，胸部靠近大腿，右脚向外，与来球方向约成45度。

外场手接地球步法有4种：

快跑式　这种步法较常用，适用于接快速或中速地滚球。特点是右腿下跪，右膝和右脚跟在一直线上，基本和肩同宽，接球点对着左脚，身体前倾。

半蹲式　接慢速地滚球时采用，步法和内场手接球步法相同。

全蹲式　适用于接快速或中速地滚球。特点是两腿全蹲，大腿和小腿相靠，两膝关节外展；两脚跟离地并相靠，臀部贴近两脚跟，身体前倾，接球点在两脚正前方。

站立式　接中速或慢速地波球并急需处理局面时采用。特点是两脚分开较大，可采取单或双手接球，接球后快速做三步接传球步法。

（3）接平直球

①球点　一般在胸部、头部附近、腰部、大腿前方或身体的左右侧，因来球快，所以接球点是随意的。

②手法　平直球的球速较快，接球时，一般用单手接；球进手套的一瞬间，要有缓冲动作。接腰以上的平直球，手套五指朝上或稍

偏右，两拇指相靠；接腰以下的平直球，手套五指朝下，两掌根相靠，右手注意护球；若来球刚好在腰部，则可降低重心，用手套五指朝上的方法接住球。

③步法　两脚移动迅速灵活，尽量使球在身体的正前方接住。来球稍偏左或右，左脚或右脚向来球方向跨一步；若来球偏左较大，则右脚作向左的前交叉步，左脚顺势跨一步接住球；若球偏右较大，用反手接球技术。

（4）注意问题

因来球速度快，故反应要敏捷，要不眨眼，注意缓冲，切忌手套指尖朗前，以免挫伤手指和打中身体；若来球特别快，反应已来不及，可用手套背面挡球，待落地后再拾球传杀。

10.棒球的击球技术

分类

（1）飞行距离

根据击球飞行距离，击球分长打、中击、轻打、触击。

（2）垒打数

根据垒打数，击球分本垒打、多垒打、小安打、上垒触。

（3）方向部位

根据使用力量方向和中球部位，击球分拉打、推打、牺牲打、翻腕打、球心打。

（4）挥棒轨迹

根据挥棒轨迹，击球分挑打、下砍平挥打、水平打、下砍平挑打、下砍打。

（5）握棒手法

根据握棒手法，击球分长握、短握、分握、单手握、抱手握、扣手握。

（6）技术战术

击球技术结合进攻战术，击球分长打、中击、轻敲、触击。

动作

（1）选择

①稍轻　球棒要稍轻一些；

②木制　选择木制球棒时，在耳边轻叩球棒，声音清脆的好；

③爱好　球棒的长度、粗细可随个人的爱好。

（2）动作

①标记　握棒时要将球棒上的标记朝向自己；

②紧握　用小指、无名指、中指紧握球棒；

③轻握　犹如拿伞，要轻握；

④有力　在迅猛有力地挥棒时，注意肩部和手臂不可用力过大，但是两手的小指、无名指和中指要紧握住球棒，握棒时不要使球棒贴虎口太紧，主要用手指握住，如同拿雨伞一样地轻轻地拿在手里。

（3）站立

站姿是击球动作的基础。没有好的站立姿势，就不可能成为好的击球员。如果站姿自然、正确，挥棒时就能用上身体和手臂的力量，就能做出好的击球动作来。

①姿势　既能保持平衡又放松的姿势；

②间隔　两脚的间隔与肩同宽或稍宽于肩；

③正视　两眼正视投手；

④握棒　力量小的人可短握棒。

（4）引棒

①支撑　以后脚（右打者为右脚，下同）支撑体重；

②力量　腰部向右转（右打者），以积蓄力量；

③握棒　握棒不要过紧；

④头部　头部保持不动。

（5）伸踏

①迈出　前脚（右打者为左脚）的伸踏为横向迈出；

②幅度　伸踏的幅度在 0.15 米左右；

③脚尖　伸踏出的脚尖与本垒呈直角；

④重心　即使在伸踏后，重心也仍放在后脚上。

（6）挥棒

①转动　利用腰部的转动进行挥棒；

②远离　挥棒时球棒不要远离身体；

③向下　向下挥棒；

④张开　腋部不要张开；

⑤位置　以左臂用力挥击，右臂在球与球棒相撞的中心位置上；

⑥眼睛　眼睛要盯住来球。

（7）随挥

挥棒后，身体的自然回转动作即为随挥动作。击球时手臂力量、腰部的转动等都要自然地进入随挥中，要注意保持身体的平衡。充分的随挥动作，可有利于球的飞行，也有助于向一垒的跑动。

①伸展　不要翻腕，两臂继续向前伸展；

②抬起　挥棒至右脚后跟抬起时止；

③前方　脸部继续面向前方。

11. 棒球的跑垒技术

跑垒是队员击球上垒和上垒以后继续进攻的一项极为重要的基本技术。竞赛中，攻方队员的上垒进垒、偷垒以至得分，都是通过跑垒才能实现的。

内野球由本垒跑向一垒的过程

（1）挥棒后起动

击球员在完成击球任务后，要尽快起动，离开本垒向一垒冲去，速度应像短跑运动员参加百米竞赛那样。在放棒和跑出击球区时，要立刻调整姿势，以低姿势跨出第一步来加速，其技术要点是：由于击完球后，重心的 60% 已顺势移向左腿，因此这时先用右脚前掌用力后蹬地和起动第一步，第一步要小，身体前倾，两眼盯前方，同时身体向反方向右转，两臂自然摆动。

167

（2）起跑阶段

也是加速阶段，路长约 5 米，这时身体仍保持前倾，不能突然抬身，以免影响跑速，同时步幅要小，步频要快，加快两臂摆速和力度，全力奔跑在一条直线上。

（3）垒间跑阶段

也是途中跑，属匀速阶段，约 20 米。进入垒间跑时，身体获得较大速度后上体要逐渐抬起，蹬地抬腿幅度加大，两臂摆幅和摆速也加大，两眼注视垒包和一垒指导员的手势。在半途要经过约 0.9 米宽的跑垒限制道。若球在跑垒员背后接到，而跑垒员由于未经这条跑垒道内以致碰到传球，使传球路线改变时，会因妨碍守备被判为出局。在垒间跑阶段，若一垒指导员手势或口语指示向二垒跑，击跑员应立即绕道拐弯跑垒。若防守队员在限制道内接球，击跑员有责任躲开他以避免冲撞，也有权力绕道往垒线内侧方向跑一垒。

（4）冲刺阶段

这是踏一垒包前约 3 米的阶段，是最后冲刺，技术要点：体前倾，弯背低头，以一垒后方为目标来全力冲刺。

（5）踏一垒

用左脚或右脚踩均可，虽然每个人的跑速和步幅数不同，但每个人的步幅数是相对固定的。踩垒时务必用前脚掌踏垒包外侧的最近垒角，身体向外倾斜。

（6）减速停止阶段

在全速冲过一垒后，要减速，降低重心，身体稍后仰，头右转，眼观察球是否漏接，若漏接，应快速左转体直冲二垒，若球不漏接，最好在一垒包界外的 4 米范围内停下，并左转体面向场内，观察攻守局面。

（7）返回一垒或作好进垒准备

返回一垒时，务必从界外回垒，若从界内回垒则有被触杀出局的可能。若攻守行为仍在继续，在返回一垒后要作好进垒准备。

球击向外野或内野的过程

球击向外野或通过内野的安打球，由本垒跑向一垒或其他垒的完整过程分析如下，其完整过程包含五个部分，其中挥棒后的起动和起跑阶段与内野球由本垒跑向一垒类似。

（1）垒间跑的方法

安打球或击向外野球要根据一垒指导员手势或口语进行跑垒，跑垒法有：直角法、弧形法、P形法。

①直角法　直线跑向一垒，离垒包3米左右开始减速，踩垒包时直角拐弯。适合个子矮、灵敏性高的跑者。此法较少采用。

②弧形法　挥棒起动跑垒后，跑动路线接近圆形。适合个子高，灵活性稍差的跑者。

③P形法　适合高、矮个子的跑者，此法较常采用。技术要点：在接近垒包时，不要仍跑直线，要采取合理P形曲线跑法，在绕道拐弯时，左肩向下倾斜，左臂靠在体侧，略微甩动，右臂则尽量向体后甩动，这有利于弧形跑和保持身体平衡，且在垒上的转身动作能顺利完成。同时，必须根据跑者的体型、灵敏度来取决绕道拐弯的弧度、弧长。个子高、灵敏度稍差的跑者，弧度和弧长稍大；个子稍矮、速度快、灵敏度高的跑者，弧度和弧长相对小一些。

（2）踏一垒

在跑过一垒时，通常以左脚踩垒内角，因该脚较有后蹬力，能使腰顺利旋转。踏垒时身体倾向内侧，面向二垒方向，但如果觉得用右脚踩垒方便且有力，仍可用右脚。左右脚踩垒的优缺点是：左脚蹬力较大，易面向二垒，但半径大，距离稍长；右脚蹬力稍小，侧向二垒，但半径小，距离短。

（3）继续进垒或减速停止回垒

若是一垒安打球，要根据安打球的方向决定继续进垒距离，并面向球的方向，例如：左外野前安打，要跑过垒包5米至10米；中外野前安打球，跑过垒包5米至7米；右外野前安打球，小心跑过垒包3米至5米。同时，跑过垒包时要逐渐减速，观察场上情况，若接住球，要在合理距离内停止跑动，待把球准确传给内野手时，才开始回垒。回垒时，做到边转身，边看球，边回跑，有时可遮住一垒手的视线回垒。

（4）连续进垒

若打出去的球是越过外野手或外野手之间的突破球，必定是一个垒以上的安打，即长打路线，这时从起跑阶段开始，采用 P 型或弧形连续跑向二垒或三垒，要一口气跑完，中途绝不能减速，跑到二垒或三垒停止时要酌情滑垒、扑垒等。

击向中外野或左外野方向时，在跑向二垒时就得确认球的去向并一口气跑向三垒。

跑垒常见问题

（1）踏垒次序

跑垒员应按一二三垒和本垒的顺序跑垒。如果被迫后退时，也应按照相反顺序依次踏垒。但跑垒员可根据规则的规定，直接返回到原占垒位。

跑垒员安全进占一个垒，如遇下列任一情况，跑垒员可安全进占一个垒。

①进垒　击球员安全进垒而迫使跑垒员离开其原占垒位向前进一个垒，若为继续竞赛状态，跑垒员可冒出局危险超越判其安全进垒的垒位；

②腾空　守场员接腾空球后倒入队员席、看台或观众席时。

（2）安全进垒

①全垒打　界内飞球飞越离本垒 200 米的围墙，击球员及各跑垒员以顺序踏垒回到本垒得分。

②进三个垒　守场员故意抛掷帽子、手套、面罩等物，触到打出的飞球时，攻方跑垒员进 3 个垒。此时仍为竞赛进行中，击跑员可冒险进本垒。

③进两个垒　界内飞球在 200 米内落地后，再弹出本垒线外，成竞赛停止球。打出的界内球或守场员传球时，碰到观众或反弹进一三垒线外进入看台，或进入沿围墙的任何间隙而无法取回该球，为竞赛停止球。传球时，守场员故意抛掷帽子、手套、面罩等物，触到传球，攻方跑垒员进两个垒。此时仍为竞赛进行中。进一个垒，投手投球，捕手漏接而进入沿围墙的任何间隙而无法取回打出的球，

为竞赛停止球。

（3）跑垒员出局

①出局　为躲避触杀而跑出呎线，但若为不妨碍守场员处理打出的球时，则不在此限。如守场员已握球在手，准备触杀而跑者没有滑进垒或尝试绕过守场员时，也判跑垒员出局。

②触杀　竞赛进行中，跑垒员离垒而被守场员触杀。

③飞球　飞球被接住，跑垒员"再度触垒"以前，被守场员拿球触到身体或该回去的垒。

④封杀　封杀的情况。

⑤义务　界内球在触及内野守场员前，包括投手，若触到垒上的跑垒员，就是在垒上也得出局。但因击球员变成跑垒员而迫使另一个跑者发生进垒义务时，不在此限。

⑥飞球　若为内野高飞球，也不判跑垒员出局，只判击球员出局。

⑦触及　若跑垒员离垒，被内野高飞球触及，跑垒员和击球员同被判出局。

⑧越过　后位跑者越过前位跑者，即判出局。

⑨扰乱　攻方球员合法占据一垒位后，以逆跑扰乱防守，裁判应即宣布"暂停"，判逆跑者出局。

（4）离垒过早

①进垒　当投手持球站在投手板上，捕手也准备接球时，所有跑垒员不得离开垒包，到投手投球至本垒板为止，才可离垒。若任何一人离垒过早，将影响全部跑垒员的进垒和得分。

②离垒　跑垒员离垒过早，分为：击球员没击球或挥空棒。若跑垒员途中被触杀出局，就算出局；若安全进了一个垒，就回原垒。

③击出　击球员把球击出，这时情况较为复杂。途中被触杀出局，就算出局；若安全进了一个垒，就回原垒。但若因要空出原占垒位让与后位跑垒员时，则由裁判断定，进至最接近原占垒位的下个垒。

12. 棒球的滑垒技术

跑垒员身体贴地滑动的占垒动作叫"滑垒"。滑垒技术不好，就无法进行偷垒。

勾式滑垒

所谓"勾式滑垒"，顾名思义就是在滑垒时，触垒的脚像钩子一样滑向垒。

（1）动作要点

①决定　根据情况，决定是滑向垒的右侧还是左侧；

②触垒　用脚尖触垒；

③伸直　脚部在触垒前保持伸直。

（2）左右侧滑垒

勾式滑垒是为了躲避对手的触杀而使用的，其有利点是既可以滑向垒包的右侧，也可以滑向垒包的左侧。

①右侧时　在滑向垒包的右侧时，身体倒向右侧，左脚脚尖朝上，右脚稍微抬起，向垒的右侧伸出。以左脚尖触垒，在触及垒包右侧前，脚尖保持伸直状态，在身体运动自然停止前，左脚一直保持着与垒包的接触。

②左侧时　在滑向垒包的左侧时，身体侧倒，侧身滑向垒，滑行时两脚不可触地，两膝弯曲，左脚向前伸出，并偏离垒包方向。在右腿弯曲的状态下，转左脚向垒，以脚背触向垒包，用左手触地，以减少冲击力。

坐式滑垒

（1）特点

这是使用最多的滑垒方法，是可以最快触垒的滑垒方法，也是最安全的滑垒方法。

（2）动作

在各种滑垒方法中，坐式滑垒可以更快地触垒，并可以在触后迅速地站起准备进行下一个动作。

①弯曲　滑垒从垒前3米左右的位置上开始，弯曲双腿中能自然弯曲的一侧腿；

②接近　弯曲一侧的腿在下，依次用脚背外侧、小腿外侧和臀部着地呈坐地姿势接近垒包；

③站起　抬起在上的另一侧的脚触垒，这时的膝部要稍微弯曲，脚后跟离垒，触及垒包后，利用滑垒的力量迅速站起，准备随后的动作；

④重心　如果为了减少滑垒坐倒时的冲击力，而以手扶地的话，会造成手臂的疼痛或受伤，所以在滑行时双手要上举，身体重心放在弯曲腿上，这样就可减少受伤的概率。

前扑式滑垒

（1）特点

严格地说，这种滑垒方法应该称之为"头部在前式滑垒"。顾名思义，就是以头部在前滑进垒的形式进行的，因此也有人称之为"头部滑垒"。前扑式滑垒，是在跑垒员离垒后的返垒，或者是在安全上垒或被杀出局的紧要时刻。

（2）动作

①扑出　使用时，双腿弯曲，上体前倾，身体向垒包方向鱼跃扑出；

②着地　滑行时以胸和腹部着地，双手向前伸出，以靠近垒包一侧的手触垒。

注意的问题

（1）滑行

滑行进垒绝不是跳进垒，而是用身体的某些部分在地面上滑行。

（2）速度

在开始滑垒前，不能降低跑动的速度，要利用这个速度进行滑垒。

（3）垒包

要集中注意力，目不转睛地注视着要触的垒。

（4）犹豫

一旦决定滑垒后，就不能犹豫不决。如果犹豫不决，不仅会降低跑速，而且还容易受伤。

（5）安全

要注意避免手或手指触及对方防守队员的钉鞋而造成伤害，为此要戴上手套。滑垒时，手要轻握，以避免手指受伤。

（6）放松

如果身体或心理上都很紧张、肌肉僵硬的话，就有可能会受伤，或滑垒失败。因此，身体和心理都要保持放松的状态。

（7）动作

不要向着对方的脚滑去，也不要故意地伤害对方。

13. 棒球的投球技术

棒球是集体项目，但就其组成部分而言，大多数是一对一，即个人对个人的对抗。因此说，投手在极大程度上决定着全局的竞赛，且在一场竞赛中起 70 %至 80 %的作用，这是经过多年的观察和研究才得出的结论。

常见方式

一般采用身体正对击球员的正面投球和身体侧对击球员的侧面投球两种投球姿势，球出手时通过手指、手腕的压、拧、拨等动作，可投出不同性能的曲线球、直线球、变速球、飘球和下坠球。有肩上高压、低肩侧投、低手投球动作，动作要领如下。

（1）伸踏脚

投球动作从伸踏脚后撤一步开始。

（2）轴心脚

便于轴心脚放在投球板前。

（3）要平衡

当提腿到达最高点，双肩又靠近体前时，身体一定要取得平衡。

174

（4）向下俯

投手在提腿提到最高点、双肩靠近体前时必须保持身体的平衡，后脚（轴心脚）膝微屈，以保持稳定，此时投手绝不可挺立不住而垮下来，在后脚膝保持弯曲来保持身体向本垒板下俯动作的稳定同时，他的提腿膝部应在向本垒板移动前向下移动，双手靠拢直至身体开始向投球方向下俯。

注意事项

（1）身体平衡

在人类的任何行动中，保持身体平衡都是最为重要的，而对于有效的投球技术，还包括生物力学上的重要性，在正面投球和侧身投球中，从第一个动作至最后一个动作，平衡是控制体力的中心。

（2）重心转移

当从投球土墩上向下传球时，身体向本垒板移动的方向是非常重要的。所谓方向，就是投手从轴心脚前掌触板到伸踏脚前掌落地过程身体重心的位置。如果动作是从平衡开始，那么，双脚把身体重心从后移前时应该还是平衡的。

按技术效应，这种转移在伸踏过程中仍然是平衡重心的转移，而且只能通过轴心脚前掌触板到伸踏脚前掌落地来完成。

14. 棒球的进攻战术

棒球进攻的基本战术有：单偷、双偷、牺牲触击、抢分触击、牺牲打等。

单偷

（1）目的

抢占下一个垒位。

（2）动作

①偷垒者　偷垒者跑垒意识强、速度快、起动好、反应敏捷。

②投接手　善抓投接手的动作弱点和特征，如投手投球动作慢、球速慢、投球与传牵制球的动作区分明显。在坏球领先和投手集中思想对付打者时是盗垒的最佳时机。又如捕手动作慢、传球无力欠准等。

③有掩护　此时打者要有掩护动作，如站位靠后、挥空棒等。

④守备者　要善于抓住守备者的失误偷垒或连续进垒。

双偷和三偷

（1）目的

造成多人进垒或掩护三垒跑垒员抢本垒得分或由封杀局面转为触杀的有利局面。

（2）动作

①守备差　内野手的传球能力差，防守能力不强。也可根据个别野手的守备差进行相应的偷垒。

②多离垒　多人偷垒时，后位跑垒者应多离垒，或回垒时有意摔倒，当守备者向后位传杀时，前位跑垒员趁机抢占下一垒。在传杀过程中，后位跑垒员要积极抢占垒位，宁愿后位被杀也不要造成前位跑垒员被杀。

牺牲触击

（1）目的

打者通过触击，以牺牲自己为代价，使跑垒员多进一个垒位。

（2）动作

①谋求　二人出局前使用，战局要求急于谋求 1 分；

②擅长　打者不是强打手，但擅长的触击或为弱棒；

③选好　必须选好球打，并且触滚地球；

④触击　跑者等球被触击，才能起跑进垒；

⑤落地　战术成功关键看触击者，只要球落地牺牲触击就成功；

⑥姿势　不能暴露过早或过迟，一般在球出手时才摆出触击姿势，且不宜边触边跑，应把球击出后再起动快跑。

上垒触击

（1）目的

通过隐蔽触击使自己达到上垒目的。

（2）动作

①站位　守方防触击能力差或一、三垒手站位靠后；

②球速　投手球速快，无把握自由打或无信心长打；

③起动　最好边触边起动；

④选好　选好球触，尽量触地滚球；

⑤掌握　熟练掌握触击技术，触击时，动作要隐蔽，绝不能过早暴露意图，最好在球出手后再出触击动作。

强迫抢分触击

（1）目的

以牺牲击球员为代价，争取三垒跑者抢本垒得分。

（2）动作

①争取　在开赛的第一、二局为争取领先及在最后一、二局为争取得分打平或取胜时采用；

②抢分　当竞赛接近结束，比分落后多分时，少用抢分触击，多用长打争取多得分；

③使用　二人出局以前，三垒有人时使用；

④少用　二击以前使用，二击时少用；

⑤暗号　当教练发抢分触击暗号时，跑垒员比跑，打者比打；

⑥触成　尽量触成落地球，然后再起动跑，不宜边触边跑；

⑦把握　无把握触地滚球时触成界外球；

⑧暴露　在球出手时才摆出触击姿势，不宜过早暴露意图；

⑨成功　在球多于击时，抢分触击较易成功，因为此时投手多投好球。

牺牲打

（1）目的

以牺牲击球员为代价，争取三垒跑垒员回本垒得分。

（2）动作

①使用　二人出局以前，三垒有人时使用；

②打者　打者有远打能力，最好是有上挑击球习惯的打者；

③高球　尽量选高球打；

177

④回垒　当击出外野高飞球时，三垒跑垒员应马上回垒，做好冲回本垒的准备，注意防止离垒过早。

假触击

（1）目的

引诱三垒手前冲，促使二垒跑垒员偷进三垒。

（2）动作

①使用　常用于二垒有人，二击以前；

②姿势　在球出手时突然摆出触击姿势，引诱三垒手前冲；

③收棒　触击时最好触空棒，不要收棒；

④抢占　二垒跑垒员在投手有投球的开始动作时，马上抢占三垒；

⑤暴露　触者不要过早暴露触击意图。

试探触击

（1）目的

通过触击收棒了解内野手的防守阵式变化。

（2）动作

①位置　在球出手时突然摆出触击姿势，以观察内野的位置变化；

②收棒　在球离本垒板6米左右突然收棒，注意收棒时不要和球交叉，否则无论好、坏球都要判一击，一般无击时使用；

③战术　在了解了防守阵形变化后，可采用触击或假触真打战术。

自由打

（1）目的

通过自己的自由击球造成安打或守备失误，使自己或跑垒员上垒、进垒或得分。

（2）动作

①出局　垒上无人或出局时，常采用自由打战术；

②手段　当垒上有人，出局以前，进攻手段可多种多样，若是好的安打手，可大胆采用自由击球，创造更多的进垒和得分机会；

③球路　选好球打，尽量打成平远的球路，并根据局面打反方

向球。

打而跑

（1）目的

①空挡　主要是通过一垒跑者的偷垒，诱使二垒手或游击手跑向二垒，造成空挡，打者向空挡击出地滚球安打，达到安全上垒或连续进垒；

②双杀　避免双杀。

（2）动作

①目的　常用于一垒有人局面，有时二或三垒有人也冒险使用，达到攻其不备的目的；

②利用　尽量利用投手投好球的情形下进行"打而跑"战术，如三球无击、二球无击等；

③投球　一垒跑者在一有投球开始动作，马上偷垒，并做好进三垒准备，若二垒有人，要做好冲本准备；

④击成　无论好坏球，击球员必打，并尽量击成地滚球，一般情况下，外角球往二垒手方向打，内角球往游击方向打；

⑤封杀　封杀局面，二击三球时，坏球不打；

⑥挥棒　不要全力挥棒，应采用中击方式击球，即 60% 左右力量击球；

⑦战术　选择擅打中击的击球员，可提高战术成功率，战术的成功关键在于击球员；

⑧击球　在三垒有人，投手必投好球情况下，采用"打而跑"战术，能提高打者的击球欲望，克服胆怯心理，集中精力击球，从而取得意想不到的效果，三垒跑者要待击出安打才进垒；

⑨击出　此战术具有很大的进攻性，也有一定的危险性，当击出高飞球时，可能造成双杀。

跑而打

（1）目的

通过一垒跑者的假偷垒，引诱二垒手、游击手跑向二垒，继而把球击向空挡，为跑者和打者创造双进垒的机会。

（2）动作

①暗号　此战术一般不用暗号联系；

②偷垒　跑者在投手投球时先假偷垒，诱使游击手向二垒靠拢，当球击向空挡或打出地滚球时，才快速偷向二垒，并做好偷三垒准备；

③选好　打者必须选好球打，坏球不击。

选球上垒

（1）目的

集中精力判断好坏球，达到选四环球上垒目的。

（2）动作

①投手　投手控球能力下降或在局面紧张、投手心神不定情况下，可采用此战术；

②选球　打者体形小，但选球能力强；

③挥击　不要消极等待"四坏球"，投来合意的好球要大胆挥击。

垒上无人的攻击法

（1）目的

增加对方的投手或守备阵容的疲劳和负担，以利己方展开攻击。

（2）动作

①挥棒　垒上无人，不要轻易挥棒，否则无异于自己放弃获胜机会。

②上垒　打者和出局数无关，要千方百计争取上垒。若是强打者，不可放弃打击好球；若是善跑、动作灵敏的打击手，就要找出触击短打等机会；若是一般打击手，可选择等待战术或积极打击。

③两队得分相近，垒上无人的进攻原则如下。

无人出局时　2球无击，放过1球；3球无击，放过1球；3球一击，放过1球。

1人出局时　2球无击，强打者遇好球可打，弱棒放过1球；3球无击，放过1球；3球一击，强打者遇好球可打，弱棒放过1球。

2人出局时　2球无击，强打者遇好球可打，弱棒放过1球；3球无击，放过1球；3球一击，强打者遇好球可打，弱棒放过1球。

④价值　打击者要有四坏球保送与安打上垒具有同等价值观念，

同时要想到：投手第一球被安打，不如投许多球后才被击出安打，或投出四坏球更使其精神、体力等越发消耗的问题。

⑤投球　在同分时，投手会集中全部精力、体力投球，故要设法使其尽量多投球。

⑥投手　若投出不善打的好球，也可通过击界外球，增加投手投球数。

⑦得分　双方皆未得分，仍是零比零的僵持局面，各局的第一棒要放过一个好球；

⑧战术　得分落后时，应采取苦等慢打战术。若是领先则采取紧攻快打战术；或是在竞赛前半段采取苦等慢打，后半段再改紧攻快打战术。

打第一球战术

投手为了使击数多于球数，往往有给打者投第一好球的习惯，这时，击球员可运用这种机会打第一个好球。一般在竞赛的前几局中运用此战术较适宜，因投手后期可能会改变战术。

打最后一球战术

当场上出现"二击三球""一击三球"时，投手往往要投好球，击球员可主动打这一好球。但若是投手控球能力下降，就要选四坏球上垒，坏球不要轻易挥棒。

15. 棒球的防守战术

防守的基本战术有防单偷、防双偷、防三偷等。这些战术主要为用于球未击出来时的对策，有些战术不能过早暴露。

防单偷

当捕手预感或发现跑者有偷垒意图，应采取相应对策。

（1）战术暗号

配外高坏球战术暗号。

（2）加快球速

投手加快球速。

（3）重心前倾

捕手半蹲接球，重心前倾，步法简练，出手快，球路平直，传准触杀位。

（4）集中思想

捕手要集中思想接球和传杀，不要受击球员用棒干扰或假触击的影响。

（5）确定位置

事先确定好谁进二垒、谁补漏，并逐渐靠近二垒位置。若二偷三，三垒手回垒要及时，游击手补漏。

防双偷

当垒上有两名跑者时，攻方后位跑者有意离垒过多，引诱捕手传杀，这时前位跑者乘机偷垒，守方转向传杀前位，后位继而上垒，造成双偷垒成功。为此守方应采取相应对策。

（1）不能急于传杀

当后位跑者有意离垒过多时，捕手不能急于传杀。

（2）快速起身传杀

攻方若采取双偷垒战术，击球员不会击球，这时捕手接球后快速起身传杀离垒过多的后位跑者，同时注意前位跑者动向。

（3）向前垒位靠近

最好迫使后位跑者向前垒位靠近，造成同一垒位有两个跑者，这时只要持球轻触后位跑者就出局。

（4）传杀前位跑者

当捕手迫近后位跑者时，跑者仍未回垒，应马上传杀，同时注意前位跑者的动向；若前位跑者离垒过多，则重点转向传杀前位跑者。

（5）夹杀或双夹杀

这时外野手向前移动，内野手注意回垒，主要是由于可能造成夹杀或双夹杀局面。

防三偷

攻方满垒时，引诱守方传杀后位跑者，制造三偷垒，从而下本垒得分。守方对策同防双偷。

四球上垒战术

当攻方二、三垒有人，又遇强打手击球，本方投手制球力和球速相对弱的情况下，可故意投四坏球，造成满垒和封杀局面，便于防守。

防牺牲打

当二出局以前，三垒有人，要防止攻方牺牲打，这时捕手要配低球，使击球员勿击外野高飞球。若要出局数，内外野手可远防；若要防止下分，内外野手要近防。

防牺牲触

一出局或二出局以前，垒上有人，除三垒有人外，攻方可能会采用牺牲触击，这时守方的对策如下。

（1）过早暴露

内野近防，但不能过早暴露。

（2）造成触击

捕手配高好球或似好非好的高球，造成触击小飞球。

（3）传杀方向

捕手注意指挥触击球的传杀方向，没把握传杀前位，就杀后位。

防上垒触击

若本方投手较强，打者较弱、跑速快又是左打者，当垒上无人时，要防止上垒触击，对策如下。

（1）中防或近防

内野稍中防或近防。

（2）配外角高球

配外角高球，因左打者的上垒触击往往采用边跑边触战术，所以用前交叉起动触击，不易打外角球，尤其是左投手投滑球或外曲下坠球更难打。

（3）注意补一垒

二垒手的守位稍靠一垒，并注意补一垒。

防抢分触

二出局以前，三垒有人，攻方有抢分意图，这时守方的对策如下。

（1）动作

捕手配内高坏球，使击球员竖着棒触击，既触不好球又易触成界外球。也可往击球员的小肠位置投，这时击球员会跳起躲避，捕手接住球后顺势触杀跑者。若为左打，可配较偏的外高坏球，使击球员碰不着球。

（2）方法

三垒手要尽量使三垒跑者离垒少些。方法：三垒手先有意离开三垒，待投手合掌时，突然回垒并出声"三垒、三垒"，引诱跑者回三垒或重心移向三垒，这时投手迅速投球。

（3）事项

内野手全部收缩防守，但不能暴露过早。

防假触击

当二垒有人时，攻方会假触击，引诱三垒前冲，二垒跑者乘机偷三垒，这时守方的对策如下。

（1）动作

配内角高坏球。

（2）方法

捕手接球后用传三垒的步法迅速传杀三垒。

（3）补漏

当游击手发现二垒跑者有偷三垒意图时，要大声提醒三垒手回垒或游击手补三垒。若三垒手回垒快，游击手要在三垒候漏。

假传真杀战术

用于二垒或三垒有人局面，二出局以前；击出内野地滚球；假传一垒，引诱跑者多离垒，然后快速转向传杀前位跑者；假传动作慢，真杀动作快；假传时可用眼睛余光观察前位跑者的离垒情况，若离垒不多，则封杀一垒；也可假传杀前位跑者，真杀击跑者，目的是防止前位跑者的偷袭。

双杀战术

双杀战术要根据局面来处理，其对策如下。

（1）寻找时机

当一垒有人，二出局前，右打者。

①双杀　捕手配内角低球，使球击向游击手易双杀；

②调整　游击手调整好双杀守位，二垒手稍靠二垒；

③边线　三垒手注意防三垒边线安打球。

（2）选择位置

当一、二垒有人，无人出局时可重点打二垒和一垒双杀；一人出局，可重点打一、二垒双杀。当然还要根据击出的方向、位置选择最佳双杀战术。例如：球击向三垒包附近，无论是一出局或无人出局，三垒手应马上接球后踩垒包封杀三垒，然后传杀一垒；若是球击向三垒手的左手方向，则接球后马上传杀二垒或一垒，这时若转身先传三垒，往往来不及双杀；若球击向三、游三角地带，注意交叉补三垒；若球击向二垒附近或一、二垒之间，只能打一、二垒双杀，打三垒封杀往往来不及。

（3）打击重点

当满垒时，无人出局可重点打本垒和一垒双杀；已有一人出局，球击向二垒附近，重点打一、二垒双杀。

（4）运用战术

当决定打双杀战术时，捕手务必配低球造成击球员打地滚球。

要出局数战术

（1）稳住局面

本方比对方领先多分或为了稳住防守局面。

（2）掌握时机

垒上有人，二出局以前。

（3）全力接杀

重点传杀或接杀击跑者，要出局数，即使前位跑者多进一个垒或得分也无关紧要。例如：三垒有人，打出较远的界外野高飞球，也要全力接杀。

（4）深防为主

这时内外野的防守以深防为主，加强守备。

防打而跑战术

（1）攻方局面

垒上有人，二出局以前。一垒有人，采用打而跑战术较常见。

（2）配高好球

守方根据球和击的比例，配高好球或高坏球。

（3）注重战术

若配内角高球（一垒有人），游击手正常防守，二垒手稍靠二垒（右打者）；若配外角高球，则相反。

（4）快速进垒

若一垒有人，不能过早进二垒，带球击出后再快速进垒。

（5）加快球速

投手要加快球速，勿投慢球。

（6）封杀局面

封杀局面，二击三球要尽量配好球。

防跑而触战术

（1）攻方局面

垒上有人，除三垒有人外，二出局以前。

（2）快速传杀

捕手配内高坏球使之击不好球或配较偏的坏球，触不到球应快速传杀偷垒者。

（3）配高好球

封杀局面，二击三球要配高好球。

（4）指挥局面

若一垒有人，要防止跑者下三垒，投手或三垒手注意回三垒，捕手和游击手指挥好局面的处理。

防跑而打战术

（1）灵活机动

垒上有人，二出局以前。一垒有人，采用跑而打战术较常见。

（2）攻方目的

跑者通过假偷垒，引诱内野手回垒，造成空挡，打者根据空挡位置选好球击，但打而跑，击球员无论好坏球必须打，除非球投的特别坏，如暴投，这时击球员可挥空棒，向空挡，造成安打。

（3）守方对策

①高飞球　捕手配高好球，使击球员击出高飞球。

②高坏球　捕手也可配外高坏球，接球后快速传杀一垒。运用此战术之前，投手、一垒手、捕手一定要用暗号联系好。

③再进垒　待球击出后再进垒。

④低挡球　也可配内角低挡球打双杀战术。

投坏球战术

这是使击球员击不中球的一种战术，也是破坏"打而跑""抢分触""偷垒"等战术的防守对策，但二击三球情况下，应少用此战术。

16. 棒球的基本规则

棒球竞赛的基本规则包括竞赛前的准备、竞赛开始和结束等几个部分。

竞赛前准备

（1）裁判员工作

竞赛开始前，裁判员应做下列准备。

①检查　严格按规则要求检查竞赛器材及竞赛队员的用具是否符合规则要求。

②清楚　认真检查场地上所有的线是否用石灰、白粉或其他物质画清楚。

③标志　认真检查由竞赛主办单位提供的或主队所领取的符合规则规定的竞赛用球。每个球都要包装封好，并附有协会认定的标志。到竞赛前由裁判员拆封检查用球，并去其光泽。裁判员是唯一有权鉴定竞赛用球是否适用的人。

④棒球　核实是否有 *12* 只以上的棒球可供随时使用。

187

⑤备用　裁判员手中至少要有两个可供备用的球。在整个竞赛过程中应不断得到补充。如遇下列任一情况时可使用备用球：球被击出场外或进入观众席时；球已变色或污损，不宜继续使用时；投手提出更换要求时。

⑥放置　司球裁判员应在竞赛开始前确认符合竞赛要求或正式认可的松脂粉袋已放置在投手板后方。

（2）场地决定权

①状况　如遇气候不佳或场地状况不适用时，只有主队的主教练员有权以其个人的判断决定是否进行竞赛。

②唯一　一日连赛两场，第一场竞赛的司球裁判员是唯一决定第二场竞赛能否开赛的人。

③时间　竞赛开始后，根据天气及场地状况司球裁判员是唯一决定竞赛是否中止或在什么情况下、什么时候继续进行或最后结束竞赛的人。他在暂时中止竞赛后，至少要经过30分钟才可宣布终止竞赛。暂时中断竞赛时间的长短是根据裁判员认为有可能恢复竞赛所需要的时间而定。

（3）秩序的维护

竞赛主办单位或负责提供竞赛场地的竞赛队有义务指派严密的警力或保安人员维持球场秩序。如果有一人或数人擅自进入球场并妨碍了竞赛时，在完全清除其妨碍者之前客队可拒绝竞赛。

竞赛的开始

（1）裁判员就位

裁判员应于竞赛开始前5分钟进入竞赛场地的本垒板后会见双方领队或教练员，然后裁判员接受他们交来的《上场队员名单》一式三份，经核对无误后，将复写的两份交给对方和记录员各一份，原件由主裁判员保留，从此，双方《上场队员名单》及击球次序即告确立，不能再行变更替补。后攻队将《上场队员名单》交给主裁判员后，临场裁判员立即成为唯一的执法者，他们有权根据天气或球场条件确定是否结束竞赛、暂停竞赛或恢复竞赛。

（2）竞赛开始

先守队队员进入各自的防守位置，先攻队第一个击球员进入击球区，然后司球裁判员宣布"竞赛开始！"竞赛即告开始。

（3）各项要求

①防守 每当竞赛开始或重新开始时，除接手外，所有守场员都应站在界内地区进行防守。

②就位 接手应在本垒板后面的接手区就位。在投手企图故意给击球员投坏球使其"四坏球"上垒时，接手应把两脚放在接手区线内，直至投手投球出手方可离开该区域。但在其他场合，接手可以随时离开接手区接球或接杀。

③姿势 投手向击球员投球时应站在合法的投球位置上，采用合法的投球姿势。

④界内 除投手和接手按规定外，任何守场员都可站在界内地区的任何地区进行防守。

⑤通过 在竞赛进行时，除击球员和试图进入本垒得分的跑垒员外，任何攻队队员都不能通过接手区。

竞赛的进行和死球局面

（1）次序的限制

在整个竞赛过程中不得变更击球次序，队员应按照《上场队员名单》上所列击球次序上场击球。替补队员应按被替补队员原来的击球次序上场击球。

（2）跑垒指导员

跑垒指导员应就位于一、三垒附近的指导区内。

①位置 攻队进攻时，应在一垒和三垒两侧指定位置各安排 1 名跑垒指导员；

②区内 跑垒指导员限 2 人，应穿着本队竞赛服，只限在跑垒指导区内进行活动。

（3）禁止的事项

竞赛中禁止双方队任何人员有下列行为：

①煽动 用语言、文字或其他方式煽动观众的行为；

②攻击　用恶言恶语攻击对方队员、裁判员或观众；

③干扰　在攻守活动正在进行时呼喊"暂停"或用其他语言或某些动作干扰投手，企图使投手犯规；

④接触　用各种方式有意与裁判员接触，如触及裁判的身体、与裁判员交谈或显示亲近态度；

⑤违背　守场员不得站在阻碍击球员视线的位置上并故意以违背体育道德的行为干扰击球员。

（4）被罚出场

凡被罚出场的主教练员、队员、教练员或训练员应立即离开场地，不得再参加该场竞赛。他应立即脱下竞赛服，坐在观众席上，并不得靠近本队队员席或投手练习区。

（5）纪律维护

坐在队员席的任何人员如有对裁判员的判定发出粗暴的非难时，首先裁判员应给予警告，如警告后仍继续其行为者，则适用下列罚则。

违反上述规定者，裁判员应令其离开队员席。如果裁判员无法查出谁是违反者，可将该队所有的替补队员清除出队员席。但此时允许该队主教练员召回该场竞赛必须替补出场的队员。

（6）继续竞赛

司球裁判员宣布"竞赛开始"后，竞赛就处于继续进行的状态，除非由于合法的原因形成"死球局面"或裁判员宣布"暂停"而中止竞赛。

（7）竞赛规则

①选择　投手应向击球员投球，但击球员是否将球击出可自行选择；

②得分　攻队的目的在于使击球员成为跑垒员并力求进垒得分；

③目的　守队的目的在于防止击球员成为跑垒员并力求防止继续进垒得分；

④垒位　击球员成为跑垒员并合法踏触所有的垒位后，则可为本队获得1分；

190

⑤交换　当进攻的3名队员被合法判为出局后,攻守交换,即改攻为守,防守队则改守为攻;

⑥妨碍　如果传球偶然碰触跑垒指导员或投球或传球碰触裁判员时,竞赛应继续进行,不成死球局面,但如果跑垒指导员故意妨碍传球,则判跑垒员出局。

(8) 死球局面

竞赛一旦形成"死球局面",守场员不得传杀或接杀,跑垒员不得进垒,也不得下分,除非跑垒员在竞赛状态时根据规则获得安全进一个垒或一个垒以上的权利。

如遇下列任一情况,成"死球局面",跑垒员可安全进一个垒或安全返回原占垒位而无出局危险。

①碰触　投球碰触正在合法击球的击球员或其衣服时,这时,垒上跑垒员如系被迫进垒也可安全进一个垒;

②进垒　司球裁判员妨碍接手传杀时,跑垒员不能进垒;

③犯规　投手犯规时,各跑垒员应安全进一个垒;

④返回　不合法击球时,各跑垒员应返回原垒;

⑤宣布　界外球未被接住时,跑垒员应返回原垒,裁判员必须待所有跑垒员返回原垒后方可宣布继续竞赛。

⑥碰触　击出的界内球在触及投手在内的内场手前碰触在界内的跑垒员或裁判员或击出的界内球在穿越内场前碰触裁判员或跑垒员时;

⑦合法　投手的任何合法投球击中正在试图下分的跑垒员时,各跑垒员都安全进垒。

(9) 宣布暂停

一经裁判员宣布"暂停",即成死球局面。如遇下列任一情况时,司球裁判员应宣布"暂停":

①气候　由于气候光线或类似情况使竞赛不能继续进行时;

②执行　因照明设备故障使裁判员视觉受到影响无法执行竞赛时;

③替补　由于偶然发生事故使运动员或裁判员无法执行其任务

时，若此类事故发生在击出本垒打的击球员或判给安全进一个垒或一个垒以上的跑垒员身上，因而使其不能按所给予的安全进垒数进垒时，可由替补队员代其完成安全进垒；

④协商　教练员需替换队员或需与其他队员进行协商而请求"暂停"时；

⑤检查　裁判员为了检查竞赛用球而需要与任何一方教练员商讨事宜或遇到类似原因时；

⑥倒入　守场员接高飞球后倒入队员席或观众席或拦绳外的观众中时，如果守场员接球后踏进队员席但未跌倒，竞赛继续，跑垒员可冒险进垒；

⑦命令　裁判员命令队员或其他人员离开竞赛场地时。

（10）再度开始

死球局面于投手持新球或原来之球合法踏板，司球裁判员宣布"继续竞赛"后即告结束，竞赛再度开始。裁判员应于投手持球踏板后立即宣布"继续竞赛"。

击球员规则

（1）击球次序

①次序　进攻队每个队员应按竞赛前填报的《上场队员名单》所列的击球次序上场击球；

②击球　第一局以后，每局的第一个击球员应为上一局最后完成击球任务的次一击球员。

（2）球员义务

①进入　进攻队员一经轮到击球任务就应立即进入击球区做好击球的准备。

②准备　投手已采用侧身投球姿势后或已开始正面投球动作后，击球员就不能离开击球区或放弃击球的准备动作。

击球员违反本项的规定时，如投手将球投出，司球裁判员根据投球宣判"好球"或"坏球"。

（3）击球区

击球员的合法击球姿势是双脚站在击球区内。击球员被判出局或成为跑垒员后就完成其击球任务。

（4）判定出局

遇下列任一情况时判击球员出局：

①接住　击出的界内或界外高飞球被合法接住时；

②合法　三击不中被接手合法接住时；

③出局　2人出局前一垒有跑垒员，被宣判为第三个好球时；

④触击　第三击触击成界外球时；

⑤宣布　宣布内场高飞球时；

⑥触及　第三击挥击未中而被球触及身体时；

⑦身体　被击出的界内球在守场员触及前碰触击跑员身体时；

⑧意图　挥击或触击成界内球后，再次用球棒在界内地区碰触该球时，这时成死球局面，垒上跑垒员不得进垒，如果击球员未离开击球区或击球员放下的球棒被滚动的球在界内地区碰触，而裁判员认为击球员并无故意改变球路的意图时，竞赛继续，不判击球员出局；

⑨定论　击出或触击出的球在界外地区滚动尚未定论为界外球时。

（5）违规出局

击球员如有下列违规行为判出局：

①踏出　击球员一脚或双脚完全踏出击球区外地面把球击中时；

②进入　投手做投球的准备动作时，击球员由一侧击球区换至进入另一侧击球区时；

③妨碍　击球员踏出击球区或以其他动作妨碍接手在本垒进行传杀或接杀时，但是如果试图进垒或下分的跑垒员被传杀出局时，不判击球员出局；

④改造　击球员使用的球棒经裁判员判断以任何方式改造、加工以达到能够增加击球距离或使球造成异常反弹力的变形球棒击球时，这类变形球棒包括：在球棒内填充东西、把棒面削平、在球棒上打钉、把球棒挖空、把球棒弄凹、在球棒上涂石蜡等物质。

跑垒员规则

（1）占有垒位

跑垒员在被判出局前触踏无他人占据的垒位就取得占据该垒的权力。如果其他跑垒员取得进占该垒的权力，原占该垒的跑垒员则应被迫离开垒位。

（2）跑垒顺序

跑垒员应按一、二、三垒和本垒的顺序跑垒。如果被迫返垒，也应按照相反顺序依次踏垒。除相关规则的规定被宣判为死球的情况外，跑垒员应按照相反的顺序依次踏垒返回原垒。

（3）共同占垒

两个跑垒员不能同占一个垒位。但是在竞赛进行中，若发生两个跑垒员同占一个垒位的情况，前位跑垒员有权占据该垒位。后位跑垒员被触杀时应判出局。

（4）安全占垒

跑垒员如遇下列任一情况时可安全进占一个垒：

①犯规　判罚投手犯规时；

②进垒　击球员安全进垒而迫使跑垒员离开其原占垒位或击球员击出的界内球在碰触或穿过守场员前碰触其他跑垒员或裁判员时，应判击球员安全进垒，因而跑垒员被迫进垒时；

③倒入　守场员接高飞球后倒入队员席或观众席或倒在进入竞赛场地的观众中时；

④妨碍　跑垒员进行盗垒时，击球员被接手或其他守场员妨碍，此时，判盗垒的跑垒员安全进一个垒。

（5）申诉出局

跑垒员遇下列任一情况时，经守队申诉判出局：

①离垒　击出的高飞球被接杀后，因离垒过早，在返回原占垒位再次踏垒前被守队队员持球触及身体或该垒时；

②顺序　竞赛进行中，跑垒员进垒或返垒时，没有按顺序逐一踏触垒位又未能在守场员持球触及身体或垒位前返回再踏垒时；

③触及　击跑员跑过或滑过一垒，因未立即返回一垒而被守场

员持球触及身体或一垒时；

④补踏　跑垒员未踏触本垒又无意返回补踏而被守场员持球触及本垒时。

投手规则

（1）合法投球

合法投球有正面投球和侧身投球两种姿势。投手可随时选择其中的一种姿势投球。

投手应踏在投手板上接受接手所发暗号，不得跨于投手板或站在投手板后接受接手的暗号。

①正面投球姿势　投手应面对击球员站立，其一脚为轴心脚应踏在投手板上，另一脚可自由站立，其位置不受限制。采用正面投球姿势后，投球动作一经开始，就不得中途停止，也不得改变投球姿势，必须把球投向击球员。投手投球前，任何一脚都不能离开地面。但向击球员投球时，自由脚可以先向后退一步再向前踏一步。投手的轴心脚应踏在投手板上，自由脚可自由站立，双手持球置于身前，就视为已采用了正面投球姿势。

②侧身投球姿势　投手应侧身面对击球员站立，轴心脚踏触投手板或投手板的前沿，自由脚放在投手板前，双手持球置于身前并保持完全的静止状态。然后投手向击球员投球，可以向垒上传球，也可以把轴心脚退到投手板后面。投手在做侧身投球姿势前可做任何准备动作，如伸臂动作，如果投手做伸臂动作就要在投球前采用侧身投球姿势。投手做好侧身投球姿势并起动投球后就不得中途停止，也不得变换投球姿势。

（2）违禁行为

①接触　投手在直径为 5.48 米的投手区内用投球的手接触口或嘴唇。投手如违反此项规定，司球裁判员应即判给击球员"1球"；

②唾液　将唾液附着在球、投球手或手套上；

③摩擦　用手套、身体、衣服摩擦球；

④异物　将异物附着在球上；

⑤污损　用任何方式污损球体表面。

（3）12秒限制

垒上没有跑垒员时，投手从接球后，应于12秒内向击球员投球。投手如违反此项规定以拖延竞赛时间，司球裁判员应判给击球员"1球"。

（4）投手犯规

垒上有跑垒员时，投手如有下列任一行为应判"投手犯规"：

①投球　踏触投手板并已开始投球动作，但未将球投出时；

②传球　踏板后向一垒做传球动作而未将球传出时；

③伸踏　踏板后向垒上传球前而未先向传球方向伸踏时；

④垒上　踏板后向没有跑垒员的垒上传球或假做传球动作时；

⑤合法　不合法投球时；

⑥踏触　轴心脚未踏触投手板而做投球动作时；

⑦拖延　投手拖延竞赛时间时；

⑧站立　没有拿球而站立或跨立在投手板上，或者在退板时假做投球动作时；

⑨离球　已做好投球准备动作后既不投球，也不向垒上传球而任何一手离球时。

得分和结束

（1）得分

①获得　在第三人出局前跑垒员合法击球后依次踏触一、二、三和本垒时可获得1分。但第三人出局，在下列任一情况下时得分无效、击跑员踏触一垒前出局时；跑垒员被封杀出局时；前位跑垒员因漏踏垒位被申诉出局时。

②结束　在竞赛的最后半局或延长局的最后半局遇到满垒局面时，若击球员由于"四坏球"，投球中身或其他原因安全进入一垒，而使三垒跑垒员进入本垒取得决胜的1分时，司球裁判员应待三垒跑垒员踏触本垒，击跑员踏触一垒后方可宣布竞赛结束。

③有效　三垒跑垒员一定时间后仍不踏触本垒时，裁判员应判该跑垒员出局，同时恢复竞赛。若二人出局后击跑员仍不踏触一垒，裁判员应判该违规的击跑员出局，三垒跑垒员得分无效，同时恢复竞

赛。但二人出局前，击跑员仍不踏触一垒时，判击跑员出局，三垒跑垒员得分有效。

（2）正式竞赛

一场正式竞赛为9局。但赛程规定一天连赛2场竞赛的队，每场竞赛可打7局。

打满9局双方得分相等时可延长竞赛。遇下列任一情况时也可缩短竞赛局数：后攻队因得分领先，无需再打第9局的下半局或打完该半局时；裁判员宣布中止竞赛时。

①延长竞赛　9局竞赛结束，如两队得分仍相等，应继续竞赛，直至先攻队在延长局同等的完整局数中得分较后攻队多，或者在延长局以后的任何一局中，后攻队在第三人出局前获得决胜分时，即判该队获胜，竞赛即可终止。

②有效竞赛　凡司球裁判员宣布终止的竞赛，如符合下列任一情况都是有效竞赛：赛完五局时；后攻队第五局上半局或第五局结束前的得分超过先攻队时；后攻队在第五局下半局获得1分或1分以上而把比分扳平时。

③中止竞赛　已达到"有效竞赛"局数，如两队同等局数的得分相等，司球裁判员应宣布该场竞赛为"改期续赛"。

④无效竞赛　在未能成为有效竞赛前宣布停止的竞赛为"无效竞赛"。

（3）竞赛结束

竞赛队在一场正式竞赛的得分就是竞赛结束时本队各局得分的总和。一场竞赛如遇下列任一情况，即可宣布"竞赛结束"。

①后攻队　打完第9局上半局，后攻队得分领先时；

②先攻队　打完第9局，先攻队得分领先时；

③踏触垒板　后攻队在第九局或延长局下半局竞赛中取得决胜的1分时，但击球员击出本垒打时，按规则规定，击球员及其前位跑垒员均可得分，所以，竞赛在击跑员最后踏触本垒板后方可宣告结束。

（4）弃权

某队如有下列任一行为，司球裁判员应判该队弃权，并判对方

197

队以 9：0 获胜。

　　①拒绝　在司球裁判员宣布"竞赛开始"后经过 5 分钟仍未出场或出场而拒绝进行竞赛时，但裁判员认为该队未能按时到场是不可避免的时除外；

　　②时间　采取策略显然企图拖延或缩短竞赛时间时；

　　③继续　司球裁判员未宣布"改期续赛"或"终止竞赛"，而拒绝继续竞赛时；

　　④重新　因故暂停竞赛后，司球裁判员宣布"继续竞赛"，但在 1 分钟内仍未重新参加竞赛时；

　　⑤犯规　虽经裁判员警告，仍顽固地坚持犯规行为时；

　　⑥退出　裁判员命令队员退出竞赛，但在规定的时间内拒绝离场时；

　　⑦出场　一日连赛两场的第一场的竞赛结束后 20 分钟内未能在第二场竞赛开始前出场竞赛时。